Elena Demagistris - Beatrice Mazzoni

PROVE DI ITALIANO

con una PROVA NAZIONALE INVALSI guidata e commentata

INVALSI

testi e attività per lo sviluppo delle competenze di lettura

verifiche su modello della Prova Nazionale INVALSI

per la Scuola Secondaria di primo grado 3

GRUPPO EDITORIALE
il capitello

Direzione editoriale e coordinamento redazionale
Doriana Goglio

Redazione
Paola Guaraldo

Realizzazione editoriale
EDITEXT servizi redazionali per l'editoria

con la collaborazione di
Cinzia Dalmasso

Copertina
Impaginaria, Torino

Realizzazione lastre CTP
Fotoincisa Effegi, Savigliano (CN)

Stampa
© Edizioni il capitello, Torino

Prima edizione: luglio 2014

Ristampa

6	5	4	3	2	1
2019	2018	2017	2016	2015	2014

© Edizioni il capitello, Torino
Via Sansovino, 243/22/R - 10151 Torino
Tel. 011 4513611 - Fax 011 4513612
internet: www.capitello.it
e-mail: info@capitello.it

Per realizzare un libro non bastano competenza, passione e creatività. Occorre un lungo e paziente lavoro fatto di numerosi controlli sui testi, sulle illustrazioni e sulla relazione che lega gli uni alle altre: per questo motivo è spesso impossibile pubblicare un libro del tutto privo di errori. Chiediamo pertanto a insegnanti e alunni di segnalarceli, per migliorare la nostra produzione nell'interesse di tutti gli utenti.

INDICE

Parte 3

PROVE FINALI
Misurare le COMPETENZE LINGUISTICHE

In allegato il fascicolo:

PROVA NAZIONALE

Prova di Italiano Scuola Secondaria di primo grado
classe terza

N.B. Griglie di correzione con
SOLUZIONI, PUNTEGGI e CRITERI di VALUTAZIONE
sulla **Guida per l'insegnante**

LETTERA AGLI STUDENTI

Cari ragazzi,

tutti voi, ormai giunti al termine dei tre anni di Scuola Secondaria di primo grado, sapete che il Ministero dell'Istruzione ha dato all'Istituto Nazionale per la Valutazione del Sistema educativo di Istruzione e di formazione il compito di valutare gli apprendimenti di Italiano e Matematica che si realizzano nelle scuole italiane. Voi stessi avete già fatto altre volte questa esperienza. In particolare, già sapete che con la prova di italiano l'INVALSI vuole ***valutare la competenza di lettura che è competenza trasversale****, indispensabile per comprendere qualsiasi tipo di testo, di ogni argomento, nei vari contesti scolastici e lavorativi.*

Attenzione, però, a non considerare questo volumetto uno strumento di "addestramento" alle prove: l'allenamento che vi proponiamo è sui ***testi****, per aiutarvi ad acquisire man mano l'abitudine al* ***colloquio con essi*** *e raggiungere una soddisfacente* ***competenza di lettura****.*

In che modo? Diciamo che leggere un testo è una partita a due*: i giocatori sono il lettore e il testo. Le informazioni provenienti da un testo rimbalzano nella mente del lettore, che formula delle ipotesi e cerca nel testo conferme o smentite. In pratica,* ***il lettore "colloquia" con il testo,*** *gli pone domande, attende risposte; è soddisfatto quando riceve le risposte che si attendeva, è incuriosito e pronto a formulare nuove domande quando le risposte non lo soddisfano o lo soddisfano solo in parte. Se ben guardate, i quesiti sono formulati su passaggi del testo che attirano l'attenzione del lettore.*

Di qui un solo invito, ragazzi: ***LEGGETE il testo****,* ***CAPITE il testo*** *in tutti i suoi passaggi,* ***INTERROGATE il testo*** *nelle sue pieghe più evidenti e, soprattutto, in quelle più nascoste!* ***Le risposte ci sono tutte!*** *E chiedere al testo di fornirle significa giocare fino in fondo* ***la partita della comprensione****.*

In questo volume troverete un percorso suddiviso nelle seguenti parti.

1. ***Impariamo ad affrontare una Prova INVALSI***

   LEGGERE - INTERROGARE IL TESTO - TROVARE LE RISPOSTE

   In questa prima parte vi spieghiamo passo passo, domanda dopo domanda, ***che cosa dovete fare, quali ragionamenti dovete formulare per indicare o scrivere le risposte corrette****.*

   Leggete le domande e seguite le spiegazioni PER RISPONDERE: oltre a capire qual è la risposta corretta, saprete anche quali ***conoscenze*** *e quali* ***competenze*** *vi servono per affrontare una prova.*

2. ***Le prove intermedie****: testi di tipologia diversa, seguiti da una serie di domande nei formati utilizzati dall'INVALSI. Le domande hanno lo scopo di* ***stimolare la comprensione*** *del testo di riferimento, indagato nel* ***significato*** *globale e particolare, nel* ***lessico****, nella* ***struttura*** *e nella* ***funzione****; inoltre, un buon numero di domande conduce alla* ***riflessione grammaticale*** *a partire dal testo stesso.*

3. ***Le prove finali****: vi proponiamo tre esempi di fascicolo, per simulare la Prova che dovrete svolgere nel corso dell'esame finale. Provare ad affrontare ciascun fascicolo e rispondere alle domande nel tempo previsto dalla Prova nazionale (75 minuti) può servire a consolidare ulteriormente le vostre competenze e permettervi di affrontare l'esame in tutta tranquillità.*

Abbiamo inserito, dopo ciascuna prova intermedia e finale, una ***griglia per l'autocorrezione****: la registrazione dei vostri risultati e la comparazione con le risposte corrette fornite dall'insegnante possono essere l'occasione per un'efficace* ***autovalutazione*** *del livello raggiunto e per riflettere sulle domande più difficili.*

In appendice *al volume, troverete anche il Fascicolo della Prova Nazionale di Italiano ultimamente somministrata agli studenti italiani.*

E ora non resta altro che mettersi alla prova...

Buona lettura a tutti!

Le autrici

PARTE 1

Impariamo ad affrontare una Prova INVALSI di ITALIANO

una PROVA guidata e commentata

Leggere

Interrogare il testo

Trovare le risposte

UNA PROVA GUIDATA E COMMENTATA

Prova di ITALIANO Classe Terza

Ti presentiamo un intero fascicolo di una Prova Nazionale di classe terza (*Prova Nazionale a.s. 2012/13).*
Il fascicolo della Prova è composto da due testi con i relativi quesiti più una parte grammaticale.
Per svolgere l'intera Prova si ha a disposizione in tutto un'ora e quindici minuti (75 minuti) di tempo.
Adesso, però, non curarti del tempo che impiegherai, perché l'obiettivo di questa parte è **capire bene il tipo di domande e i modi per giungere alle risposte giuste**.

Segui via via le indicazioni e i suggerimenti.

→ Leggere il testo A, NARRATIVO

Cominciamo dalla lettura del **primo testo**, di tipo **narrativo**.
Leggilo velocemente, ma con attenzione e concentrazione.

PARTE PRIMA – TESTO A

IL RUMORINO CRUDELE

Era una specie di piccolo strepito e sembrava provenire da dietro l'armadio. Ogni tanto taceva, poi, proprio nel momento in cui il signor Maurizio stava per addormentarsi, ecco che il rumorino tornava di nuovo. Non c'era altro da fare che alzarsi, accendere la luce e dare un'occhiata. E così Maurizio fece. Ma quando andò a scuriosare nell'armadio, quel dispettoso frullare si fermò di colpo. Maurizio trovò tutto in ordine. Si rigettò sul letto e rimase per un po' con la luce accesa: il rumore sembrava cessato per sempre. Allora spense la luce e si girò su un fianco, pronto finalmente ad affogare nel sonno. Neanche chiuse gli occhi che l'armadio riprese a frignare, prima piano, poi sempre più forte. Maurizio risaltò in piedi e illuminò di nuovo la stanza. Il rumore tacque, annidato da qualche parte nell'armadio. Maurizio, allora, furbescamente, spense la luce e poggiò l'orecchio all'armadio pronto a intervenire. E invece non sentiva niente, tanto che il poveretto si stava addormentando in ginocchio davanti al mobile. Abbassò senza accorgersene le palpebre ma ecco che il rumore lo fece sobbalzare dallo spavento.

Non era dunque la luce che fermava quel diavoletto. Maurizio aprì le ante dell'armadio e cominciò a svuotarlo. Gettava per terra gli abiti uno dopo l'altro cercando nelle tasche, nei taschini e sotto le fodere. Non trovò nulla che potesse giustificare quel rumore. Ma siccome durante tutta l'ispezione non volò una mosca, Maurizio s'andò convincendo che s'era dileguato. Tornò a letto, spense la luce e chiuse gli occhi. Questa volta, più che un gracchiare, gli sembrava un rugginoso borbogliare, una specie di brontolio metallico. Maurizio cacciò un urlo di rabbia. Si infilò del cotone nelle orecchie e chiuse forte gli occhi, deciso a non lasciarsi più torturare da quel rumorino insistente, irregolare e furbo.

Il sonno però non arrivava perché dentro gli cresceva un timore piuttosto sinistro: sapeva che quel rumore era ancora vivo e vegeto, anche se lui non lo sentiva e ora lo spaventava l'idea che quella presenza uscisse dalla tana e si mettesse a scorrazzare per la camera, magari salendogli addosso, arrampicandosi su per le sue gambe o scendendo giù per i capelli. Niente da fare. Gettò via l'ovatta, riaccese la luce, uscì dalla stanza, la chiuse a chiave e, portandosi dietro le coperte, andò a dormire sul divano del salotto.

Qui il rumore somigliava più a un fievolissimo cinguettare, ma soffiato, riverberato dall'eco, rimbalzava da una parete all'altra e dal soffitto al pavimento. Ora poteva essere un uccello, ora un serpente. Maurizio perse per un momento la testa e in men che nulla rivoltò tutta la stanza. Buttò giù i libri, rovesciò i vasi, smontò la televisione, capovolse le poltrone, scrollò le tende, arrotolò i tappeti. Ma questa volta il rumore perdurò, non sembrava per niente intimorito.

Proprio in quel momento qualcuno suonò alla porta d'ingresso. Maurizio guardò l'orologio: erano quasi le tre di notte. Andò ad aprire e si trovò di fronte una mezza dozzina di condomini in pigiama, con i capelli dritti sulla testa e gli occhi fuori dalle orbite. Lo aggredirono, gli chiesero all'unisono di smetterla con quel ronzio che stava tenendo sveglio tutto il palazzo. Maurizio scoppiò quasi a piangere, li fece entrare e mostrò loro in che condizioni aveva ridotto la casa per cercare di mettere le mani su quel rumore spietato. Si misero a cercare tutti assieme, rompendo anche qualche piatto e un paio di bicchieri di cristallo: il rumorino continuava per la sua strada e ora sembrava addirittura divertirsi correndo dentro i muri. Lasciarono tutti l'appartamento, compreso Maurizio. Iniziò la caccia e coinvolse tutti gli inquilini. Scendevano e salivano per le scale, s'incrociavano sui pianerottoli. Con le orecchie tese auscultavano le tubature, i contatori, le grondaie, i cassoni dell'acqua, le cassette della posta, gli sportelli del gas.

Ma ecco che all'improvviso si accorsero che una porta del secondo piano era rimasta chiusa. Qualcuno dentro dormiva saporitamente. Fu la portiera che gettò in pasto agli inquilini un gravissimo sospetto: in quell'appartamento era venuto ad abitare, da pochi giorni, un estraneo. Un tipo stravagante, altissimo, magro e con due lugubri occhiaie nere.

Vestiva sempre con abiti da sera e aveva denti più bianchi del dentifricio. Riceveva la posta quasi solo dall'estero e si limitava al buongiorno e all'arrivederla. La portiera quella sera l'aveva visto rientrare con uno strano pacchetto nelle mani, forse pastarelle, o forse marron glacé, insomma merce di pasticceria. Non parlava mai con nessuno e dava l'impressione di sorridere là dove altri avrebbero invece pianto. – Il diavolo! – gridò la signora Pinci. Un vociare duro e ostile serpeggiò tra gli inquilini. Poi si fece avanti il professor La Stella, inquilino del primo piano, il quale rivelò di aver parlato una volta con quell'estraneo. Gli era sembrato una persona molto per bene, forse un artista. – Ma una cosa è certa: quell'uomo è sordo. – Il professor La Stella gli parlava e quello si limitava ad alzare le braccia e a indicare con il dito le proprie orecchie. La portiera scuoteva il capo, poco convinta: – Altro che sordo, quello è un furbo di quattro cotte! – E intanto, indisturbato, il rumorino continuava a volare sulle loro teste. Decisero che era il caso di svegliare il nuovo inquilino: doveva assolutamente far smettere quel rumore se voleva evitare una vertenza condominiale. Si gettarono sul campanello. Cominciarono a picchiare contro la porta.

Il nuovo inquilino del secondo piano se ne stava beatamente accoccolato sotto le coperte, il viso sereno come quello di un bambino, sembrava sognare vaste e profumate pianure popolate dal cinguettare degli uccellini, dallo scrosciare dei fiumi e dal gemito tenerissimo del vento. Fuori della porta tre prendevano a calci e pugni gli infissi mentre qualcuno era sceso in strada per lanciare sassi contro le finestre chiuse e qualcun altro s'era attaccato al telefono nel tentativo di svegliare quel tipo con gli squilli dell'apparecchio. Ma il nuovo inquilino neanche se ne accorgeva, continuava a dormire come se niente fosse. Si svegliò regolarmente la mattina, alla solita ora. Andò a farsi una doccia, si vestì, sorseggiò il caffè. Poi si mise per una mezz'oretta al piano, tanto per restare in esercizio. Alla fine uscì.

Aperta la porta si trovò davanti una folla muta e pallida di uomini in pigiama e di donne in camicia da notte, bianchi come fantasmi. Quelli lo fissavano senza sapere cosa dire. Chi stringeva in mano una scarpa, chi un paio di forbici, chi la cinta dei calzoni, chi un battipanni. L'uomo li guardò a lungo, si girò e chiuse a chiave la porta. Quelli gli fecero largo e lui, lentamente, se ne andò passando in mezzo a loro. Ma proprio in quel momento giunse dalle cantine l'idraulico: era stato chiamato alle prime luci dell'alba da un inquilino. – Tutto a posto – disse il giovanotto – i tubi dell'impianto idraulico non vibrano più. Ho cambiato la guarnizione della pompa! – Fecero tutti silenzio e tesero le orecchie: nessun rumore sospetto. Rispuntato il sorriso, ognuno se ne tornò a casa sua sbadigliando.

(Testo tratto e adattato da: V. Cerami, *La gente*, Einaudi, Torino, 1993)

→ Interrogare il testo
→ Trovare le risposte

- Ora, leggi ciascuna domanda come se dovessi affrontare la Prova, cercando di anticipare la risposta corretta.
- Segui poi i consigli che ti diamo sotto ogni domanda: imparerai in che modo si può "interrogare" un testo e ottenere la risposta giusta.

A1. Nella parte iniziale del racconto viene dato molto spazio alla descrizione delle caratteristiche del "rumorino". Perché?

A. ☐ Per sottolineare
che Maurizio aveva il sonno molto leggero

B. ☐ Per fare capire che Maurizio aveva un udito molto sensibile

C. ☐ Per sottolineare che il rumore cambiava continuamente di tono e intensità

D. ☐ Per fare capire che il rumore era ossessionante e persistente

PER RISPONDERE

Questa è una domanda a **scelta multipla**: tu devi scegliere e indicare la risposta corretta.

→ **PER RISPONDERE** devi capire con quale intenzione comunicativa l'autore insiste in una particolareggiata descrizione del rumorino, nelle righe iniziali, dalla 1 alla 13. Le alternative A e B si riferiscono a Maurizio e non al rumore, per cui vanno eliminate.
Delle due rimanenti scelte C e D, la C potrebbe trarti in inganno, ma è sbagliata, perché il rumorino a volte tace a volte ritorna, non cambia soltanto tono e intensità.

→ Dunque la **scelta giusta**, che mette in evidenza la caratteristica del rumore che disturba e inquieta il signor Maurizio, fino a diventare ossessionante, è chiaramente la D.

A2. **Indica quali delle espressioni seguenti, che nel testo si riferiscono al "rumorino", danno l'idea che quel rumore sia dotato di una volontà propria e quali no.**
Metti una crocetta per ogni riga.

	SÌ	NO
a) piccolo strepito (riga 1)	☐	☐
b) diavoletto (riga 14)	☐	☐
c) rugginoso borbogliare (riga 19)	☐	☐
d) brontolio metallico (riga 19)	☐	☐
e) rumorino... furbo (riga 21)	☐	☐

PER RISPONDERE

Questa è una domanda a **scelta multipla complessa**:

- **PER RISPONDERE** devi scegliere, tra le espressioni usate dall'autore riguardo al rumorino, le due che fanno chiaramente riferimento a un essere animato, capace di azioni volontarie: diavoletto e furbo.
- RICORDA! I **numeri delle righe** (in questa domanda e in altri casi simili) sono utili per dare una rapida occhiata al contesto in cui si trova la parola o l'espressione: per esempio, alla riga 14 puoi vedere chiaramente che il rumorino è animato, è considerato un diavoletto dispettoso!
- Ecco perciò le **risposte corrette: a) No - b) Sì - c) No - d) No - e) Sì**

A3. **A un certo punto Maurizio teme che il rumore sia provocato da qualcosa di aggressivo che può fargli male. Indica da quale riga a quale riga si parla di questo timore.**

Da riga .... **a riga** ....

PER RISPONDERE

Questa è una domanda a **risposta aperta precisa**, senza possibilità di alternative. Si tratta di individuare **informazioni date in modo esplicito** nel testo.

- **PER RISPONDERE** devi ritrovare nel testo il punto in cui si parla del timore, della paura di Maurizio che il rumore, che lui crede provocato da una misteriosa "presenza", possa improvvisamente uscire dal suo nascondiglio e attaccarlo salendogli addosso.
- Perciò la risposta corretta è: **Da riga 22 a riga 26**

A4. Maurizio "si infilò del cotone nelle orecchie" (riga 20). Poco dopo nel testo si usa una parola che è un sinonimo di "cotone". Di che parola si tratta?

....

PER RISPONDERE

Anche questa è una domanda a **risposta aperta precisa**.

→ **PER RISPONDERE** devi trovare nel testo la parola che ha lo stesso significato della parola "cotone", usata alla riga 20.
Cerca nelle righe immediatamente successive: alla riga 26 trovi "ovatta", che è sinonimo di "cotone".

→ Perciò la **risposta corretta** da scrivere è: **ovatta**.

A5. Perché i vicini che vanno a suonare alla porta di Maurizio hanno "i capelli dritti sulla testa e gli occhi fuori dalle orbite" (riga 36)?

A. ☐ Perché non hanno avuto il tempo di pettinarsi e di mettersi gli occhiali

B. ☐ Perché sono spaventati da un rumore che sembra un segnale di allarme

C. ☐ Perché pensano che in casa di Maurizio stia succedendo qualcosa di grave

D. ☐ Perché hanno dovuto alzarsi dal letto nel cuore della notte e sono infuriati

PER RISPONDERE

→ **PER RISPONDERE** a questa domanda a scelta multipla devi ricostruire le ragioni dell'atteggiamento con cui i vicini si presentano alla porta di Maurizio.
Rileggi le righe del testo con attenzione.

> Proprio in quel momento qualcuno suonò alla porta d'ingresso. Maurizio guardò l'orologio: erano quasi le tre di notte. Andò ad aprire e si trovò di fronte una mezza dozzina di condomini in pigiama, con i capelli dritti sulla testa e gli occhi fuori dalle orbite. Lo aggredirono, gli chiesero all'unisono di smetterla con quel ronzio che stava tenendo sveglio tutto il palazzo. Maurizio scoppiò quasi a piangere, li fece entrare e mostrò loro in che condizioni aveva ridotto la casa per cercare di mettere le mani su quel rumore spietato. Si

Per quale motivo hanno i capelli dritti e gli occhi fuori dalle orbite?
Perché sono le tre di notte e anche loro sono stati svegli a causa del rumorino, sono pieni di rabbia e di sonno.

→ La **risposta corretta** è dunque la **D**.

A6. Perché "Maurizio scoppiò quasi a piangere" (riga 38)?

A. ☐ Perché non riusciva a spiegare a parole che cosa era successo

B. ☐ Perché gli dispiaceva di avere provocato un disagio ai vicini

C. ☐ Perché era esasperato e si sentiva per di più messo sotto accusa

D. ☐ Perché era offeso dall'atteggiamento aggressivo dei vicini

PER RISPONDERE

→ **PER RISPONDERE** devi interpretare perché il protagonista si comporta così: è una persona adulta, difficile che si metta a piangere perché gli dispiace di aver disturbato i vicini o perché si sente offeso.
Perciò eliminiamo le scelte B e D.
Restano la A e la C.

Tra le due, quella che meglio esprime la confusione e l'intensità delle emozioni che fanno scoppiare in lacrime Maurizio è la C. Egli, infatti, si sente profondamente frustrato dall'atteggiamento dei vicini, accorgendosi che manifestano lo stesso sentimento di rabbia impotente che il rumore ha provocato in lui.

→ **Risposta corretta: C.**

A7. Nella frase "Si misero a cercare tutti assieme, rompendo anche qualche piatto e un paio di bicchieri di cristallo: il rumorino continuava per la sua strada e ora sembrava addirittura divertirsi correndo dentro i muri" (righe 39-42), i due punti potrebbero essere sostituiti da

A. ☐ così

B. ☐ e

C. ☐ ma

D. ☐ quando

PER RISPONDERE

→ **PER RISPONDERE** devi comprendere che tra la frase "Si misero a cercare tutti insieme ...", che precede i due punti, e quella che segue "il rumorino continuava per la sua strada ..." c'è un rapporto di contrasto: la sola scelta in grado di esprimere questo rapporto è la congiunzione avversativa **"ma"**.

→ Perciò la **risposta corretta** è la **C**.

A8. Il modo in cui la portinaia descrive l'aspetto fisico dell'inquilino del secondo piano a quale personaggio di fantasia (protagonista anche di numerosi film) fa pensare?

A. ☐ A un vampiro

B. ☐ A un fantasma

C. ☐ A uno zombie

D. ☐ A un extraterrestre

PER RISPONDERE

→ **PER RISPONDERE** devi fare ricorso al tuo personale "bagaglio" di conoscenze (libri letti, film visti) e ricavare, dalle caratteristiche con cui l'inquilino del secondo piano è descritto dalla portinaia, il personaggio cui assomiglia.
Rileggi bene la sua descrizione.

> Ma ecco che all'improvviso si accorsero che una porta del secondo piano era rimasta chiusa. Qualcuno dentro dormiva saporitamente. Fu la portiera che gettò in pasto agli inquilini un gravissimo sospetto: in quell'appartamento era venuto ad abitare, da pochi giorni, un estraneo. Un tipo stravagante, altissimo, magro e con due lugubri occhiaie nere.
> Vestiva sempre con abiti da sera e aveva denti più bianchi del dentifricio. Riceveva la posta quasi solo dall'estero e si limitava al buongiorno e all'arrivederla. La portiera quella sera

Alto, vestito di nero, occhiaie, denti bianchissimi... non ricorda un vampiro?

→ Non ti sarà difficile capire che la **risposta corretta** è la **A**.

A9. Quale dei seguenti aggettivi <u>non</u> è sinonimo di "stravagante" (riga 49)?

A. ☐ Strano

B. ☐ Bizzarro

C. ☐ Originale

D. ☐ Straniero

PER RISPONDERE

→ **PER RISPONDERE** devi scegliere fra le quattro alternative l'unico aggettivo che non ha un significato equivalente a "stravagante".
Non è difficile, perché tutte le parole proposte appartengono al lessico di base, perciò dovresti conoscerle e capire che l'aggettivo da indicare è "straniero".

→ **Risposta corretta**: D.

A10. Si può considerare affidabile quello che la portiera dice sul nuovo inquilino (righe 47-60)?

A. ☐ Sì, perché la portiera dice quello che ha visto

B. ☐ No, perché la portiera dice delle bugie

C. ☐ No, perché la portiera fa dei pettegolezzi

D. ☐ Sì, perché la portiera si limita a fare una descrizione

PER RISPONDERE

→ **PER RISPONDERE** devi giudicare la credibilità di quanto la portiera riferisce sul nuovo inquilino.
Le due risposte positive (Sì, perché...) sono da scartare perché quelli che la portiera riferisce non sono semplicemente dei fatti, descritti in tono neutrale.
Delle due risposte negative (No, perché...) la B va scartata perché quello che la portiera racconta non è falso, ma il modo malevolo con cui i fatti sono raccontati e la situazione in cui le parole vengono pronunciate ci fanno capire che si tratta di un "pettegolezzo".

→ Dunque la **risposta corretta** è la **C**.

A11. In base al testo perché il nuovo inquilino viene definito "estraneo" (riga 49)?

A. ☐ Perché è uno straniero che non conosce nemmeno una parola di italiano

B. ☐ Perché ha abitudini che sono pericolose per gli altri

C. ☐ Perché è una presenza nuova e inquietante in mezzo ai vecchi inquilini

D. ☐ Perché non ha legami di amicizia o parentela con i vicini

PER RISPONDERE

→ **PER RISPONDERE** devi riflettere e ricostruire le ragioni per cui il nuovo inquilino appare, agli occhi della portiera e degli altri abitanti del condominio, come un "estraneo".
La sola risposta coerente con quanto il testo ci dice e ci lascia capire è la terza.
Infatti:

- la scelta A è smentita dal testo (il nuovo arrivato, anche se di poche parole, è stato sentito dalla portiera salutare),
- la scelta B non trova nessun riscontro nel testo,
- la scelta D fa riferimento a un tipo di estraneo (l'assenza di legami di parentela o di amicizia con i vicini) che non è quella del racconto.
- Il nuovo inquilino è percepito come estraneo perché è appena arrivato e ha caratteristiche e comportamenti che lo fanno apparire come diverso.

→ Dunque la **risposta corretta** è la **C**.

A12. Nel racconto l'inquilino del secondo piano ha il ruolo di

A. ☐ capro espiatorio, perché gli vengono attribuite colpe che non ha

B. ☐ antagonista, perché si oppone alle azioni e alla volontà degli altri

C. ☐ protagonista, perché riveste la parte principale nella vicenda

D. ☐ vittima, perché viene deriso e insultato dagli altri

PER RISPONDERE

→ **PER RISPONDERE** devi aver compreso il senso del testo nel suo insieme. La conoscenza delle caratteristiche del testo narrativo e dei possibili ruoli dei personaggi dovrebbe aiutarti a individuare la scelta giusta, eliminando fin da subito la B e la C. Potrebbe sorgere il dubbio per la D, ma decisamente il significato del racconto è meglio rappresentato dalla scelta A (se anche non conosci il significato di "capro espiatorio", c'è la spiegazione: è appunto una persona a cui vengono attribuite colpe che non ha).

→ **Risposta corretta**: **A**.

A13. Nel testo uno degli inquilini afferma: "- Ma una cosa è certa: quell'uomo è sordo -". Secondo te è davvero sordo? Scegli la risposta che corrisponde alla tua opinione e giustificala.

È sordo perché ....

Non è sordo perché ....

Dal testo non risulta chiaro perché ....

PER RISPONDERE

→ **PER RISPONDERE** devi scegliere una delle tre risposte possibili (tutte accettabili) e spiegare in modo coerente la risposta che hai scelto. È importante che, oltre a scegliere l'una o l'altra risposta, tu scriva **argomenti validi per giustificare la scelta**.

→ La **risposta** perciò sarà **corretta** se scriverai una o più frasi come le seguenti:

1) <u>È sordo perché...</u>

quando il professor La Stella gli parla alza le braccia e indica le orecchie • indica le proprie orecchie (con il dito) • non risponde al professor La Stella • non sente il campanello • dorme saporitamente mentre tutti gli altri inquilini non riescono a farlo • non sente picchiare contro la porta • non sente i calci e i pugni contro gli infissi • non sente i sassi lanciati contro le finestre • non sente il telefono • non si accorge del rumore che fanno gli inquilini nel tentativo di svegliarlo

2) <u>Non è sordo perché...</u>

ha il telefono in casa • si limita al buongiorno e all'arrivederla • suona il pianoforte

3) <u>Dal testo non risulta chiaro perché...</u>

se scegli questa risposta, devi giustificarla con almeno un argomento a favore della sordità (vedi punto 1) e almeno uno a favore della non sordità (vedi punto 2). Per esempio: "non sente il telefono ma suona il pianoforte".

A14. Tra gli abitanti del palazzo c'è una sola persona che almeno in parte si comporta in modo diverso dagli altri verso il nuovo inquilino. Di chi si tratta?

....

PER RISPONDERE

→ **PER RISPONDERE** devi riconoscere che il professor La Stella è l'unico degli inquilini a non farsi suggestionare dalle parole della portiera, così come è il solo ad aver cercato di parlare con il nuovo arrivato.
Per scrivere la risposta corretta devi dunque aver capito molto bene il testo.

→ **Risposta corretta**: Professore La Stella - *OPPURE* Signor La Stella - *POTRESTI SCRIVERE ANCHE*: inquilino del primo piano - *OPPURE, meno complete* Professore - La Stella

A15. Indica quali aggettivi descrivono i vecchi abitanti del palazzo e quali no.
Metti una crocetta per ogni riga.

	SÌ	NO
a) Razionali	☐	☐
b) Aggressivi	☐	☐
c) Suggestionabili	☐	☐
d) Passivi	☐	☐
e) Tolleranti	☐	☐

PER RISPONDERE

→ **PER RISPONDERE** devi tenere conto di quanto il testo nel suo insieme dice e fa capire riguardo ai comportamenti e agli atteggiamenti dei vecchi abitanti del palazzo.
Scegli gli aggettivi che ti sembrano più adatti a descriverli, distinguendoli da quelli che non lo sono.
Per esempio, gli inquilini sono "suggestionabili" ma non "razionali" perché alle parole della portiera reagiscono in modo emotivo e non logico.

→ Le **risposte corrette** sono: **a) No - b) Sì - c) Sì - d) No - e) No**

A16. Ciò che accade in questo racconto è

A. ☐ verosimile, perché succede spesso che nei condomìni ci siano conflitti e litigi tra gli inquilini

B. ☐ inverosimile, perché prima di attribuire una colpa a qualcuno si cercano prove concrete

C. ☐ inverosimile, perché le persone adulte non perdono il controllo solo per una cosa poco importante come un rumore fastidioso

D. ☐ verosimile, perché accade che un gruppo attribuisca la responsabilità di un problema a persone innocenti estranee al gruppo

PER RISPONDERE

➔ **PER RISPONDERE** devi giudicare se la vicenda narrata nel testo è verosimile o no, cioè se potrebbe accadere davvero oppure no.
- Le due risposte negative (**inverosimile**) riguardano comportamenti che sarebbe bello veder realizzati ma che spesso, purtroppo, non sono realmente praticati.
- Dunque va scelta una delle due risposte affermative (**verosimile**): rifletti sul fatto che il testo racconta la facilità con cui chi è percepito come "estraneo" viene sospettato di colpe non sue.

Invece l'alternativa B fa riferimento a un fenomeno banale e che comunque non riflette quanto accade nel racconto.

➔ Perciò la **risposta corretta** è la **D**.

A17. Anche se in modo "leggero", il racconto chiama in causa alcuni atteggiamenti e comportamenti negativi diffusi. Indica a quali si fa riferimento nel testo e a quali no.
Metti una crocetta per ogni riga.

	SÌ	NO
a) La maldicenza e la calunnia infondate	☐	☐
b) L'egoismo e l'individualismo	☐	☐
c) L'incapacità di cooperare per risolvere problemi comuni	☐	☐
d) La diffidenza verso chi viene percepito come "diverso"	☐	☐

PER RISPONDERE

➔ **PER RISPONDERE** devi tener presente l'insieme del testo e scegliere correttamente i comportamenti negativi che nel testo sono rappresentati.
L'egoismo e l'individualismo non sono aspetti ai quali il testo fa riferimento; l'incapacità di cooperare è smentita dal fatto che gli inquilini si riuniscono di fronte al problema del rumorino.
Invece gli atteggiamenti descritti ai punti a e d sono presenti nel racconto.

➔ Queste dunque le **risposte corrette**: **a) Sì - b) No - c) No - d) Sì**

A18. Qual è la vera causa del "rumorino"?

....

PER RISPONDERE

→ **PER RISPONDERE** devi aver colto, nel corso della lettura, che la causa del rumore (vibrazione dei tubi dell'impianto idraulico per la rottura della guarnizione della pompa) è **chiaramente spiegata** alle **righe 77-80** del testo.

→ La **risposta corretta** è perciò: Vibrazione dei tubi dell'impianto idraulico - *POTREBBERO ESSERE CONSIDERATE VALIDE ANCHE RISPOSTE DEL TIPO*: rottura (guarnizione) pompa - tubatura - tubi - tubo rotto - guasto idraulico

---

A19. La scoperta della vera fonte del rumore

A. ☐ rivela che la tensione notturna era stata originata da un fatto banale, ma non riporta la serenità

B. ☐ rivela che l'agitazione notturna era stata originata da un fatto banale e scioglie le tensioni

C. ☐ induce gli inquilini a vergognarsi del loro comportamento e a tornare a dormire

D. ☐ induce i condòmini a riflettere sui propri pregiudizi e a scusarsi con il nuovo inquilino

PER RISPONDERE

→ **PER RISPONDERE** devi scegliere la sola risposta che sintetizza correttamente la conclusione del racconto.
Le scelte A - C - D riportano informazioni che non fanno parte del finale del testo.

→ La **risposta corretta** è perciò la **B**.

- Com'è andata? Avevi anticipato, almeno in qualche caso, la risposta giusta? I suggerimenti ti hanno fatto capire meglio come va analizzato un testo?
- Se nel testo è presente qualche parola che non hai capito bene, cercane il significato:

più ampia sarà la tua conoscenza lessicale,
migliore diventerà la tua competenza di lettura.

➜ Leggere il testo B, ESPOSITIVO

Continuiamo con la lettura del **secondo testo**, di tipo **espositivo**. Leggilo velocemente, ma con attenzione e concentrazione.

PARTE PRIMA – TESTO B

La scuola della vita

Quando i giovani si appassionano alla lettura

Non me ne vogliate, ma non ho paura di affermare che il mago della Rowling è per noi insegnanti una benedizione: non è un giudizio, ma un dato di fatto. Ci lamentiamo sempre che i ragazzi non leggono, ma *Harry Potter*, *Il Signore degli Anelli* (di R. Tolkien), *Le cronache di Narnia* (di C.S. Lewis) sono libri da migliaia di pagine che i giovanissimi divorano.

Il pregio di queste saghe, senza entrare ancora nel merito dei contenuti, è avere appassionato alla lettura milioni di persone, nutrite da una cultura fatta per lo più di immagini.

Il primo giorno di scuola delle superiori sottopongo ai miei nuovi alunni un questionario che contiene la scelta del loro libro, film, canzone, luogo preferiti. Spesso, nella sezione libri, la casella è riempita dalla saga di Harry Potter, un fenomeno che ha segnato una generazione di ragazzi.

Mi sono chiesto perché i ragazzi facevano file da concerto davanti alle librerie per accaparrarsi il volume fresco fresco. Leggendo i libri, io per primo, e ascoltando le loro motivazioni, sono arrivato ad alcune conclusioni. Innanzitutto la trama.

Lo snodarsi degli eventi è incalzante e appassionante. Ma questo non basta e potrebbe inserire il libro nella moltitudine di storie fatte solo di colpi di scena. In *Harry Potter* la trama è di più della trama. I 7 libri sono attraversati da un'unica grande storia in cui non si può spostare un pezzo senza far crollare il puzzle: questo offre ai ragazzi la possibilità di concepire la vita come un racconto unitario.

Noi leggiamo storie perché cerchiamo la nostra. Chi non ha una storia non ha identità: i ragazzi hanno fame di poter concepire la loro vita, alla sua alba, come un «intero sensato», con un inizio, uno sviluppo e una fine. Loro si chiedono, nell'età fatta per questo, che senso ha la vita? Cosa ne sarà di me? Per cosa potrò spendere le mie risorse migliori? In definitiva: chi sono io?

Harry è un ragazzino qualunque, piuttosto sfortunato nella vita ordinaria, nella quale però scopre la sua vera vocazione: la magia. Cosa è questa se non la biografia di un adolescente, che si sente brutto, incapace, inadeguato come ogni adolescente che si rispetti, e ha fame di trovare quel qualcosa che lo renderà diverso dagli altri, originale, autentico, vivo?

L'identificazione con Harry è dovuta alla domanda centrale dell'adolescenza: che storia sono venuto a raccontare io, così come sono? È pura evasione! Sentenziano alcuni. Ma la letteratura è sempre momentanea evasione, per una successiva più profonda immersione nel reale.

In Harry Potter c'è quello di cui tutti abbiamo bisogno: come si affrontano i draghi della vita? Forse non passerà alla storia della letteratura, ma questa saga ha qualcosa da dire al cuore dei suoi giovani e meno giovani lettori: tutti vogliamo essere amati e amare.

Tutto il romanzo è un grande inno all'amicizia. Harry raggiunge i suoi obiettivi grazie all'aiuto dei suoi amici, capolavori di luci e ombre come sono gli amici veri. Pochi hanno sottolineato che *Harry Potter* è una saga che racconta la scuola. La scuola come i ragazzi di tutto il mondo la vorrebbero. Una scuola in cui si studia, si fatica, ma per qualcosa di grande. Una scuola con un pizzico di follia e mistero. Una scuola in cui i professori sono tutti veri esperti della materia. Forse non tutti simpatici, ma è una scuola in cui gli adulti sono e fanno gli adulti, non lesinano sforzi e affiancano battaglie e paure dei ragazzi, aiutandoli a trovare la loro vocazione, la loro storia: sfidandoli, mettendoli alla prova, mostrando loro che la scuola c'entra con la vita e con il mondo. *Harry Potter* è il libro che ha conquistato alla lettura una generazione. Ciascuno di noi ha un libro che alle elementari o alle medie ha inaugurato un mondo nuovo. Poi siamo andati oltre, abbiamo raffinato la ricerca e le scelte. Oggi, che ci piaccia o no, c'è la storia di Harry Potter. Se milioni di ragazzi di culture diverse lo leggono con fame non è solo questione di mercato: è anche questione di cuore. E il cuore di un ragazzo bisogna ascoltarlo con le parole che ha, anche se suonano assai semplici.

(Tratto e adattato da: A. D'Avenia, *Harry Potter, la scuola della vita*, La Stampa, 3 luglio 2011)

→ Interrogare il testo
→ Trovare le risposte

- Ora, leggi ciascuna domanda come se dovessi affrontare la Prova, cercando di anticipare la risposta corretta.
- Segui poi i consigli che ti diamo sotto ogni domanda: anche questa volta ti guideremo a capire in che modo si può "interrogare" un testo e ottenere la risposta giusta.

B1. Questo articolo è stato scritto per mettere in luce il ruolo positivo svolto dai romanzi di *Harry Potter*. Perché l'autore dice, ad esempio, che "il mago della Rowling è ... una benedizione" (righe 1-2)?

....

....

PER RISPONDERE

→ **PER RISPONDERE** correttamente a questa **domanda aperta** devi:
- anzitutto leggere bene la prima parte della consegna, che ti offre un aiuto spiegando che i romanzi di Harry Potter hanno avuto un ruolo positivo;
- pensare al significato della parola "benedizione" in questo contesto: significa "che è causa di un bene";
- mettere in relazione il successo del libro con i vantaggi offerti da ciò agli educatori;
- infine esprimere con parole tue il senso della frase.

→ La **risposta corretta** è: Perché ha appassionato i ragazzi alla lettura
POTRESTI ANCHE SCRIVERE Perché ha appassionato le persone alla lettura
OPPURE Ha appassionato alla lettura milioni di persone
OPPURE I ragazzi leggono molto di più *OPPURE* espressioni simili.

B2. **Nel primo capoverso (righe 1-4), quale verbo utilizza l'autore per indicare l'estremo interesse con cui i giovani leggono certi libri?**

Risposta: ....

PER RISPONDERE

➜ **PER RISPONDERE** devi comprendere che il verbo "divorare" è usato in senso metaforico e che si riferisce al modo con cui i giovani lettori, appassionati di Harry Potter, affrontano le avventure dei suoi libri.

➜ La **risposta corretta** è: **divorano** *OPPURE* **divorare**.

B3. **Da quello che dice l'autore di questo testo si capisce che il suo mestiere è quello di**

....

PER RISPONDERE

➜ **PER RISPONDERE** devi ricavare l'informazione dal testo: è contenuta in modo implicito nella frase "il primo giorno di scuola... sottopongo.... ai miei alunni...".
– Quale mestiere fa una persona che parla di dare compiti ai suoi alunni?

➜ La **risposta corretta** è: **insegnare** *OPPURE* **insegnante** *OPPURE* **professore**.

B4. **Che cosa vuol dire l'autore dell'articolo con l'espressione "la trama è più della trama" (righe 16-17)?**

A. ☐ La trama è fantasiosa, piena di avventure e di colpi di scena

B. ☐ La trama è più importante del protagonista stesso

C. ☐ La trama piace moltissimo a tutti, ragazzi e ragazze

D. ☐ La trama ha un significato che va al di là dei singoli avvenimenti

PER RISPONDERE

➜ **PER RISPONDERE** devi comprendere la tesi dell'autore, che attribuisce il successo della saga di Harry Potter non tanto alle avventure appassionanti quanto alla funzione educativa che la narrazione svolge: cercare nelle storie altrui il senso della propria storia personale.
Le scelte A, B, C potrebbero attirarti perché ripetono opinioni comuni e condivisibili sui libri di Harry Potter, ma non esprimono ciò che l'autore intende dire.

➜ Infatti la **risposta corretta** è la **D**.

B5. Perché la storia di Harry Potter è paragonata a un "puzzle" (riga 18)?

A. ☐ Perché è un rompicapo complesso e difficile da risolvere

B. ☐ Perché è composta da molti elementi in stretta relazione tra loro

C. ☐ Perché richiede molta pazienza per arrivare fino alla fine

D. ☐ Perché solamente alla fine si capisce l'ordine di tutti gli elementi

PER RISPONDERE

→ **PER RISPONDERE** devi:
- sapere che cos'è un puzzle
- capire l'opinione dell'autore dell'articolo, che ritiene le avventure di Harry Potter un insieme di eventi posti in stretta connessione tra loro (proprio come le tessere di un puzzle).

→ Perciò la **risposta corretta** è la **B**.

B6. Che cosa si intende con "intero sensato" riferito alla vita (riga 21)?

A. ☐ Una vita piena di eventi sensazionali

B. ☐ Una vita lunga e felice

C. ☐ Una vita piena di emozioni e soddisfazioni

D. ☐ Una vita con un significato compiuto

PER RISPONDERE

→ **PER RISPONDERE** devi ricavare dal contesto il significato di una espressione non usuale, anche se costituita da parole di uso comune.
Ti può aiutare a rispondere la successiva **riga 22**, in cui si spiega il significato di quell'"intero sensato": "con un inizio, uno sviluppo e una fine", cioè con un significato compiuto.

→ Perciò la **risposta corretta** è la **D**.

B7. Ricopia dal testo l'espressione metaforica con cui l'autore indica gli aspetti positivi e negativi degli "amici veri" (riga 38).

Risposta: ....

PER RISPONDERE

→ **PER RISPONDERE** devi individuare nella riga 38 del testo l'espressione metaforica richiesta e, in particolare, capire che con l'espressione "luci e ombre" si intendono gli aspetti positivi e negativi presenti allo stesso tempo nei veri amici.

→ La **risposta corretta** è **(capolavori di) luci e ombre**.

B8. Secondo l'autore dell'articolo, quali sono le caratteristiche principali dei professori della scuola di Harry Potter (righe 41-45)?

A. ☐ Sono severi e intransigenti

B. ☐ Sono autorevoli e competenti

C. ☐ Sono simpatici e comprensivi

D. ☐ Sono tolleranti e permissivi

PER RISPONDERE

→ **PER RISPONDERE** devi ricostruire e sintetizzare la parte di testo compresa nelle righe 41-45. Rileggila velocemente. Si dice che i professori:
- sono "veri esperti della materia", cioè sono <u>competenti</u>
- sono "non tutti simpatici" (eliminata la scelta C!)
- "gli adulti sono e fanno gli adulti", cioè sono autorevoli
- "non lesinano sforzi" e "affiancano battaglie e paure dei ragazzi", dunque non sono intransigenti (eliminata la scelta A!)
- "sfidano" e "mettono alla prova" i ragazzi, dunque non sono permissivi (eliminata la scelta D!)

→ La **risposta corretta** è infatti la **B.**

B9. Secondo l'autore dell'articolo, il vero scopo della scuola descritta in *Harry Potter* è quello di

A. ☐ formare abili maghi

B. ☐ spingere i ragazzi a competere tra loro

C. ☐ approfondire tutte le arti magiche

D. ☐ preparare alla vita

PER RISPONDERE

→ **PER RISPONDERE** devi individuare, tra una serie di finalità attribuite alla scuola di Harry Potter, quella considerata dall'autore dell'articolo come il suo autentico scopo. Per individuare la risposta corretta non devi farti fuorviare da due scelte, la A e la C, che fanno riferimento al fatto – vero ma superficiale – che la scuola di Harry Potter è un luogo dove si insegnano le arti magiche e si formano abili maghi.

→ La **risposta corretta** è infatti la **D.**

B10. Che cosa vuol dire l'autore sottolineando che per ciascuno di noi c'è un libro che "ha inaugurato un mondo nuovo" (righe 46-47)?

A. ☐ C'è un libro che ci ha affascinato per la sua trama avvincente

B. ☐ C'è un libro che ci ha colpito per la novità delle situazioni e dei personaggi

C. ☐ C'è un libro che ha avuto un ruolo fondamentale nella nostra formazione

D. ☐ C'è un libro che tutti i ragazzi delle elementari e delle medie hanno letto

PER RISPONDERE

→ **PER RISPONDERE** devi aver compreso sia il discorso principale del testo sia lo stile dell'autore, che usa molte espressioni figurate.
Che cosa vuol dire l'espressione "un mondo nuovo"?
Significa "Un nuovo modo di vedere le cose".
È questo il ruolo che i volumi di Harry Potter hanno avuto per molti giovani lettori.
E secondo l'autore ognuno di noi ha un libro che ha rappresentato un punto di svolta nel percorso di crescita e di formazione.

→ Perciò la **risposta corretta** è la **C**.

B11. Quali delle seguenti affermazioni corrispondono al pensiero dell'autore dell'articolo e quali no? *Metti una crocetta per ogni riga.*

	SÌ	NO
a) Harry Potter piace perché è un ragazzino dai poteri magici, ma alle prese con i problemi di tutti gli adolescenti	☐	☐
b) I libri di Harry Potter sono testi di grande valore letterario	☐	☐
c) Le storie di Harry Potter hanno avuto un grande successo tra i giovani di tutto il mondo	☐	☐
d) I libri di Harry Potter possono piacere solo agli adolescenti	☐	☐

PER RISPONDERE

→ **PER RISPONDERE** devi individuare le affermazioni che corrispondono alle opinioni dell'autore dell'articolo sui libri di Harry Potter, distinguendole dalle affermazioni che non ne riflettono il pensiero, così come emerge dal testo.
Il testo ti fornisce tutte le risposte. Vediamole una per una:

- "Harry è un ragazzino qualunque, piuttosto sfortunato nella vita ordinaria, nella quale però scopre la sua vera vocazione: la magia. Cosa è questa se non la biografia di un adolescente..." (righe 25-27): corrisponde a quanto affermato nel punto a)
- "Forse non passerà alla storia della letteratura" (riga 35): perciò non è vero il punto b)
- "appassionato alla lettura milioni di persone" (riga 6): corrisponde al punto c)
- "questa saga ha qualcosa da dire al cuore dei suoi giovani e meno giovani lettori" (righe 35-36): perciò non è vero il punto d)

→ Queste dunque le risposte corrette: **a) Sì - b) No - c) Sì - d) No**

B12. Secondo l'autore dell'articolo, *Harry Potter* ha successo anche perché affronta aspetti della vita che coinvolgono gli adolescenti. Indica quali di questi aspetti sono citati nell'articolo e quali no.

Metti una crocetta per ogni riga.

	È UN ASPETTO CITATO NELL'ARTICOLO	NON È UN ASPETTO CITATO NELL'ARTICOLO
a) La ricerca dell'identità personale	☐	☐
b) Il cambiamento del proprio corpo	☐	☐
c) La disponibilità ad amare	☐	☐
d) L'interesse per l'altro sesso	☐	☐
e) Il rapporto con la scuola	☐	☐

PER RISPONDERE

→ **PER RISPONDERE** devi rintracciare nel testo gli aspetti propri della vita di un adolescente citati dall'autore.
Qui entra in gioco anche la tua capacità di **memorizzazione** di quanto detto nel testo, altrimenti devi fare una veloce **lettura di esplorazione** alla ricerca di quali aspetti della vita degli adolescenti sono richiamati e quali no.

→ Non è difficile scoprire che le **risposte corrette** sono:

a) È un aspetto citato
b) Non è un aspetto citato
c) È un aspetto citato
d) Non è un aspetto citato
e) È un aspetto citato

B13. Come si possono sintetizzare le riflessioni dell'autore dell'articolo sulle ragioni del successo di Harry Potter?

A. ☐ Il personaggio di Harry Potter suscita ammirazione perché non assomiglia a nessun altro

B. ☐ Nella storia di Harry Potter si coniugano gli interessi e i bisogni dei ragazzi con una trama avvincente

C. ☐ Il personaggio di Harry Potter è diventato popolare perché è il protagonista di una serie di libri e di film

D. ☐ La storia di Harry Potter dà un messaggio di speranza per lettori di tutte le età

PER RISPONDERE

→ **PER RISPONDERE** devi essere in grado di compiere una buona **sintesi** del testo, scegliendo la risposta corretta e scartando le scelte che rappresentano risposte parziali e riduttive alla domanda.

→ La **risposta corretta** può essere soltanto la **B**.

B14. Chi ha scritto questo testo espone argomenti in difesa dei romanzi di Harry Potter, immagina anche delle obiezioni ai suoi argomenti e replica a tali obiezioni. Nella prima colonna della tabella sono riportati due degli argomenti. Metti nella tabella, al posto giusto (Obiezione e Replica alla obiezione), le quattro frasi elencate qui sotto, scrivendo il numero ad esse corrispondente.

1) È pura evasione!
2) Ma questo non basta e potrebbe inserire il libro nella moltitudine di storie fatte di colpi di scena.
3) Ma la letteratura è sempre momentanea evasione, per una successiva più profonda immersione nel reale.
4) In Harry Potter la trama è più della trama.

ARGOMENTO DELL'AUTORE IN DIFESA DI HARRY POTTER	OBIEZIONE	REPLICA ALLA OBIEZIONE
a) Il libro appassiona perché la trama è incalzante e appassionante	....	....
b) Harry Potter risponde alla domanda centrale dell'adolescenza	....	....

PER RISPONDERE

→ **PER RISPONDERE** devi saper cogliere i rapporti di coerenza tra le diverse affermazioni di un testo espositivo-argomentativo come questo.
La richiesta di riordinare le dichiarazioni secondo lo schema: tesi/obiezione/replica prevede che tu sappia dimostrare la capacità di cogliere i nessi logici di un ragionamento.
Se non sai come cavartela, controlla ancora una volta il testo, dalla **riga 30** in poi troverai le risposte!

→ **Risposte corrette:**
a. Obiezione = 2 / Replica = 4
b. Obiezione = 1 / Replica = 3

→ **Leggere** un testo ESPOSITIVO MISTO

ATTENZIONE

Come hai visto, il secondo testo di questa prova è di tipo **espositivo** continuo, non è interrotto o accompagnato da figure, carte, grafici o tabelle.

Tieni presente, però, che molto spesso viene presentato nelle Prove un **testo misto**, composto da righe di testo e da figure.

Ormai hai capito come affrontare le domande che riguardano il testo. Ma **come fare con le domande che riguardano le figure?**
Ecco qualche esempio, tratto da un'altra Prova nazionale.

Osserva per prima cosa la figura che segue, poi prova a rispondere alle domande.
Confronta poi le tue ipotesi con le spiegazioni e le soluzioni.

L'Europa dei superstiziosi
Quante persone credono che «*Certi numeri portano fortuna*»?
Percentuali di cittadini che hanno detto di credere, di non sapere se credere o no, o di non credere ai "numeri portafortuna" in ciascuno dei 27 Paesi dell'Unione Europea.

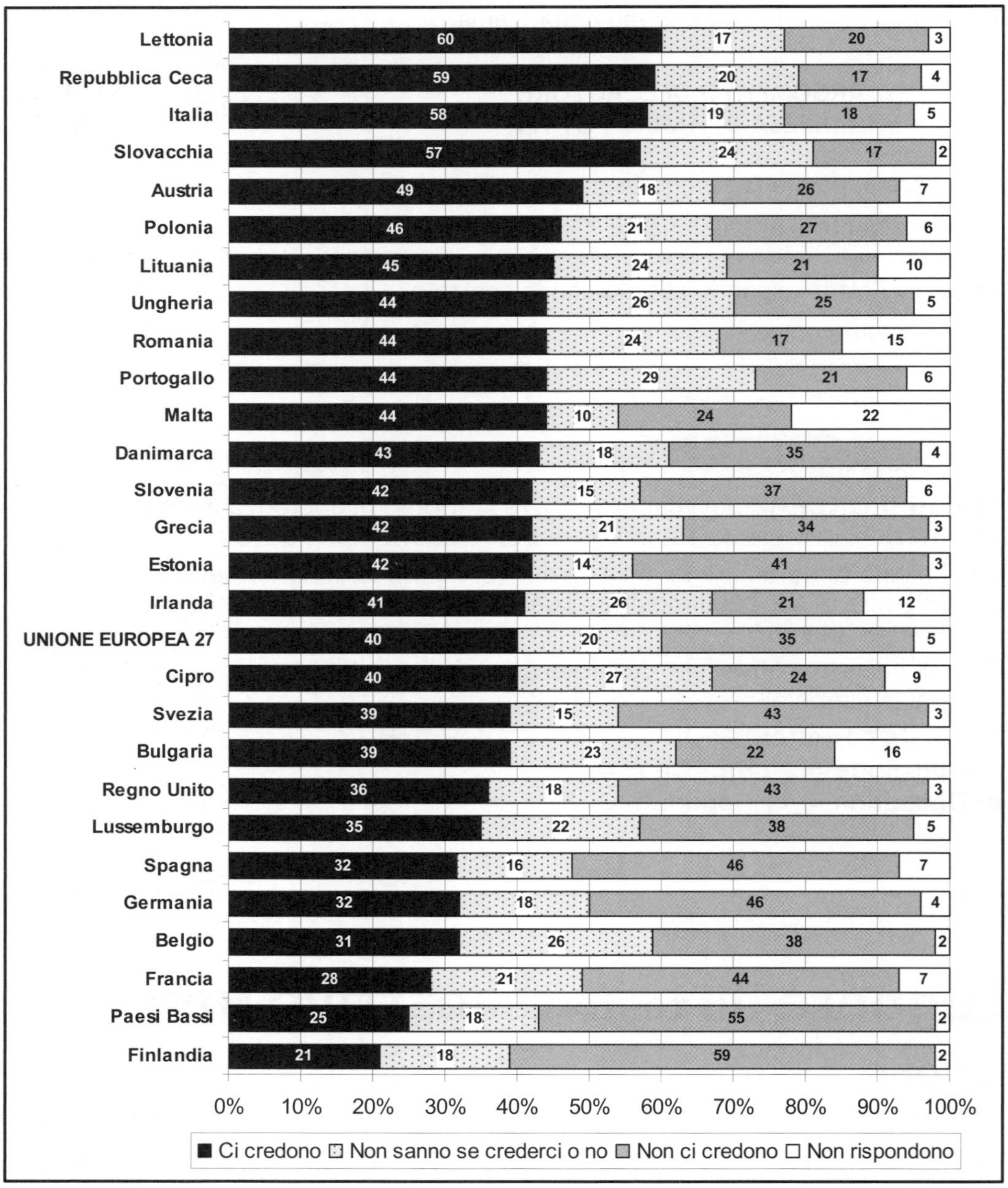

(Tratto e adattato da: *Special Eurobarometer 340: Science and Technology*, giugno 2010)

B1. Come sono ordinati (dall'alto al basso) i Paesi nella figura?

A. ☐ Prima tutti i Paesi dell'Europa dell'Est, poi quelli dell'Europa occidentale, poi quelli dell'Europa meridionale

B. ☐ In base alla data della loro adesione all'Unione Europea

C. ☐ Prima i Paesi meno superstiziosi, poi i più superstiziosi

D. ☐ Prima i Paesi dove si crede di più ai numeri portafortuna, poi quelli dove ci si crede meno

PER RISPONDERE

→ **PER RISPONDERE** devi saper leggere correttamente il grafico:
- devi osservare la **legenda** che, al fondo del grafico, riporta i quadratini di diverso colore corrispondenti alle categorie di persone;
- devi capire che la percentuale di persone che credono ai numeri portafortuna, rappresentata dalla sezione nera delle barre, è il criterio con cui sono stati elencati, in senso decrescente, i Paesi.

→ Compresi questi due elementi, è semplice capire che la **risposta corretta** è la **D**.

B2. Quali sono i Paesi dove più della metà delle persone interrogate hanno detto di non credere ai numeri portafortuna?

....

PER RISPONDERE

→ **PER RISPONDERE** devi:
- individuare nella legenda la corrispondenza fra "persone che non credono nei numeri portafortuna" e sezione grigia delle barre;
- tenere presente che i dati sono rappresentati in percentuale;
- sapere che "più della metà" corrisponde a un valore superiore al 50%;
- individuare nel grafico gli unici due Paesi che soddisfano questo criterio.

→ La **risposta corretta** da scrivere è: **Paesi Bassi** e **Finlandia**.

B3. Nell'Unione Europea complessivamente considerata, qual è la percentuale di persone che dicono di *"non credere ai numeri portafortuna"*?

.... %.

PER RISPONDERE

→ **PER RISPONDERE** devi:
- individuare nel grafico qual è la barra che corrisponde all'Unione Europea nel suo complesso;
- tenere presente che, in base alla legenda, le persone che non credono ai numeri portafortuna corrispondono alla sezione grigia delle barre;
- ricordare che i numeri esprimono valori percentuali e trascrivere il dato richiesto nella risposta.

→ **Risposta corretta**: **35%**.

B4. Quanti sono i Paesi dove la maggioranza delle persone interrogate dice di credere ai numeri portafortuna?

A. ☐ Meno di tre

B. ☐ Tre

C. ☐ Quattro

D. ☐ Più di quattro

PER RISPONDERE

→ **PER RISPONDERE** devi:
- individuare nella legenda la corrispondenza fra "persone che credono nei numeri portafortuna" e sezione nera delle barre corrispondenti a ciascun Paese;
- tenere presente che i dati sono rappresentati in percentuale;
- sapere che "maggioranza" corrisponde a un valore al di sopra del 50% e individuare nel grafico quali Paesi soddisfano questo criterio: come vedi chiaramente, sono i primi quattro in alto.

→ La **risposta corretta** è perciò la **C**.

B5. Secondo i dati rappresentati nella figura

A. ☐ gli italiani sono uno dei popoli più superstiziosi d'Europa

B. ☐ l'Italia è superstiziosa come la media dei Paesi europei

C. ☐ in Italia la metà dei cittadini non sa se credere o no ai numeri portafortuna

D. ☐ in Italia 10 cittadini su 100 non rispondono alle domande sui numeri portafortuna

PER RISPONDERE

→ **PER RISPONDERE** devi:
- capire che essere "superstiziosi" equivale a esser convinti che i numeri portino fortuna o sfortuna
- capire che, in base alla legenda, la percentuale delle persone che credono ai numeri portafortuna è rappresentata nel grafico dalla sezione nera delle barre;
- vedere che l'Italia si pone al terzo posto della graduatoria e dunque è fra i Paesi più superstiziosi d'Europa;
- confrontare sul grafico le affermazioni delle risposte B-C-D: è facile capire che sono da scartare, infatti sono in contrasto con le informazioni rappresentate nel grafico.

→ **Risposta corretta**: **A.**

GRAMMATICA

→ Fare riferimento alle proprie conoscenze
→ Trovare le risposte

Passiamo ora alla seconda parte della Prova, che contiene una serie di domande di **grammatica** (ortografia, morfologia e sintassi).
Per trovare le risposte giuste devi:

- capire e riflettere bene sulla **consegna**;
- richiamare alla mente con rapidità **le conoscenze e regole grammaticali** che hai appreso nel corso di questi anni.

Fai la prova con i seguenti esercizi e con l'aiuto delle spiegazioni che li accompagnano.

PARTE SECONDA

GRAMMATICA

C1. a) Quale genere hanno i nomi che compaiono nelle seguenti espressioni?
Metti una crocetta per ogni riga.

ESPRESSIONI	MASCHILE	FEMMINILE
a) Un analfabeta	☐	☐
b) Un'ospite	☐	☐
c) Un'ipocrita	☐	☐
d) Un esule	☐	☐

b) Da che cosa hai potuto capire il genere dei nomi?

PER RISPONDERE

→ **PER RISPONDERE** devi:
- sapere che l'articolo indeterminativo "una" davanti a un nome femminile diventa **un'** con l'apostrofo (da questo deduci che i nomi ospite e ipocrita sono di genere femminile);
- sapere che si può ricavare il genere di un nome che inizia per vocale dalla presenza o dall'assenza di apostrofo nell'articolo indeterminativo (chiaramente, visto che l'apostrofo non c'è, i nomi analfabeta ed esule sono maschili);
- scrivere il motivo della tua scelta.

→ Queste le **risposte corrette**:
a) Tabella: a) Maschile b) Femminile c) Femminile d) Maschile
b) *la motivazione può essere scritta in vari modi, tutti i seguenti sono corretti*: Dall'apostrofo (che può essere presente solo se il nome è femminile) / L'apostrofo (c'è solo al femminile) / L'apostrofo (non può esserci al maschile) / Dalla presenza o meno dell'apostrofo / Dalla presenza o dall'assenza dell'apostrofo / Dall'articolo

C2. A quale categoria grammaticale appartiene la parola sottolineata?
"Daremo loro una prova concreta di buona volontà ripulendo completamente il loro banco".

A. ☐ Pronome personale
B. ☐ Aggettivo possessivo
C. ☐ Pronome possessivo
D. ☐ Aggettivo dimostrativo

PER RISPONDERE

→ **PER RISPONDERE** devi:
- conoscere la funzione grammaticale del pronome personale, del pronome possessivo, dell'aggettivo possessivo e dell'aggettivo dimostrativo;
- riconoscere che, nella frase data, loro è un possessivo ed è un aggettivo perché accompagna il nome.

→ **Risposta corretta**: **B**.

C3. Nel testo che segue sottolinea tutti gli articoli:
"La ragazza vide la gatta, la accarezzò e le parlò con dolcezza; poi prese una scodella e la riempì di latte, ma la gatta non lo volle".

PER RISPONDERE

→ **PER RISPONDERE** devi:
- distinguere la diversa funzione morfologica di parole omografe (cioè scritte in modo identico): in particolare, di **la**, **le** e **lo** (che possono essere sia **articolo determinativo** sia **pronome personale**);
- riconoscere la funzione di articolo indeterminativo della parola **una**, sulla base del contesto.

→ Per **rispondere correttamente** bisogna perciò sottolineare i 3 articoli determinativi e l'unico articolo indeterminativo (e scartare invece le altre forme la-le-la-lo, in quanto pronomi personali):
"**La** ragazza vide **la** gatta, la accarezzò e le parlò con dolcezza,
poi prese **una** scodella e la riempì di latte, ma **la** gatta non lo volle".

C4. Quale delle frasi seguenti è completa, cioè contiene tutte le informazioni richieste dal verbo "regalare"?

A. ☐ I nonni di Anna hanno regalato un telefonino

B. ☐ I nonni hanno regalato un telefonino alla nipote

C. ☐ I nonni hanno regalato l'ultimo modello di telefonino

D. ☐ I nonni hanno regalato ad Anna, la loro nipote

PER RISPONDERE

→ **Per rispondere** devi:
- conoscere la **struttura sintattica di base** della frase (il verbo e i suoi elementi necessari perché il significato sia compiuto);
- analizzare le quattro frasi proposte per identificare quella in cui tutti gli elementi del verbo sono espressi.

In particolare, il verbo **"regalare" è un verbo transitivo** che per creare una frase minima di senso compiuto ha bisogno di:
1) un soggetto (chi regala),
2) un oggetto (che cosa è regalato)
3) un complemento indiretto collegato al verbo con una preposizione (**a** chi è regalato)

Per esempio: Roberto regala una rosa a Giorgia.

→ Perciò la **frase corretta**, che ha tutti e tre gli elementi, sia il soggetto sia l'oggetto regalato sia l'indicazione di chi ha ricevuto il regalo, è la **B**.

C5. Nella frase "Secondo l'allenatore di Stefano sciare è lo sport migliore in assoluto", qual è il soggetto?

A. ☐ L'allenatore

B. ☐ Stefano

C. ☐ Sciare

D. ☐ Lo sport

PER RISPONDERE

→ **PER RISPONDERE** devi:
- sapere che la funzione di **soggetto** non è sempre svolta da un nome o da un pronome, ma può essere svolta anche da altri elementi, per esempio un **verbo**;
- riconoscere, nella frase data, che il soggetto di quanto si dice (è lo sport migliore in assoluto) è il verbo "sciare".

→ **Risposta corretta**: **C**.

C6. Osserva lo schema che segue:
Quale fra i periodi che seguono corrisponde a questo schema di analisi?

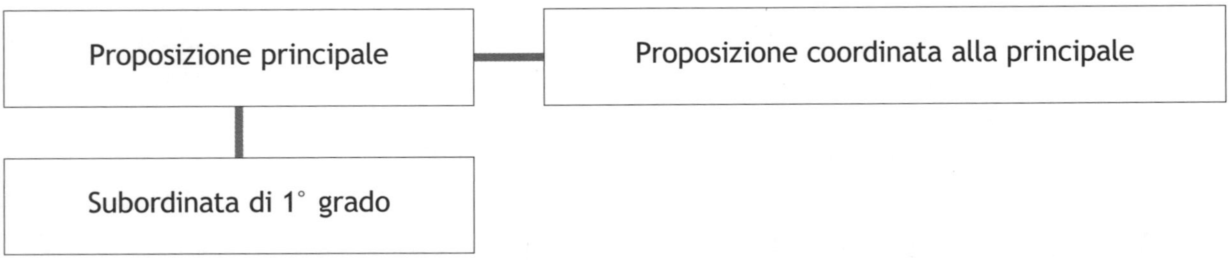

A. ☐ Il mio cane abbaia e mostra i denti agli estranei, ma alla fine non fa male a nessuno.

B. ☐ Sono soddisfatto di non avere sbagliato l'esercizio che mi sembrava tanto difficile.

C. ☐ Per vincere la gara mi allenerò molto e metterò in pratica i consigli dell'allenatore.

D. ☐ Prendi la prima strada a destra e gira subito dopo la piazza che vedi alla tua sinistra.

PER RISPONDERE

→ **PER RISPONDERE** devi:
- conoscere i principali elementi di **analisi del periodo**;
- saper distinguere i rapporti di **coordinazione** e **subordinazione** tra le frasi;
- saper individuare la gerarchia tra le frasi semplici, indipendentemente dall'ordine con cui esse si succedono nella frase complessa, e il modo in cui coordinazione e subordinazione vengono rappresentate per mezzo di schemi.

→ La **frase corretta**, rappresentata dallo schema, è la **C**.

C7. Indica che tipo di proposizione subordinata introduce il "che" in ognuna delle frasi elencate nella prima colonna.
Metti una crocetta per ogni riga.

	OGGETTIVA	SOGGETTIVA	INTERROGATIVA INDIRETTA	RELATIVA	CONSECUTIVA
a) Per favore, chiedigli che mestiere fa	☐	☐	☐	☐	☐
b) Mi hanno detto che Lucia verrà domani	☐	☐	☐	☐	☐
c) Devo ancora leggere il romanzo che mi hai regalato	☐	☐	☐	☐	☐
d) Questo sole è così caldo che ci si scotta facilmente	☐	☐	☐	☐	☐
e) È incredibile che Maria sia arrivata per prima!	☐	☐	☐	☐	☐
f) Le camicie che sono sul tavolo sono state stirate	☐	☐	☐	☐	☐

PER RISPONDERE

→ **PER RISPONDERE** devi:
- conoscere e saper distinguere la varietà dei rapporti di subordinazione tra le frasi introdotti dalla parola "**che**" (**congiunzione** o **pronome**);
- ragionare sulle sei frasi proposte, identificando in ciascuna di esse la funzione specifica di "**che**".

→ Le **risposte corrette** sono:

a) interrogativa indiretta
b) oggettiva
c) relativa
d) consecutiva
e) soggettiva
f) relativa

C8. Trova tra le parole che seguono, tutte formate con l'elemento "auto", l'unica in cui "auto" non significa "da sé / di se stesso".

A. ☐ Autoritratto

B. ☐ Autoadesivo

C. ☐ Autobiografia

D. ☐ Autorizzazione

PER RISPONDERE

→ **PER RISPONDERE** devi:
- riconoscere, tra le parole che iniziano per auto-, che tre di esse sono parole composte, in cui auto- significa "da sé / di se stesso" e può essere staccato da un'altra parola di senso autonomo e compiuto (auto+ritratto / auto+adesivo / auto+biografia)
- individuare l'unica parola non composta tra le quattro, in cui auto- non è un elemento autonomo (autorizzazione)

→ La **risposta corretta** è perciò la **D**.

C9. Nella frase: "È un uomo grossolano e dal carattere irascibile" compaiono due aggettivi, "grossolano" e "irascibile". Individua per ciascuno di questi due aggettivi un sinonimo e un contrario.

Metti una crocetta per ogni riga e ogni colonna.

AGGETTIVI	SINONIMI		CONTRARI	
grossolano	a. 1	☐ malvestito ☐ sporco ☐ rozzo	a. 2	☐ raffinato ☐ astuto ☐ intelligente
irascibile	b. 1	☐ sensibile ☐ collerico ☐ risoluto	b. 2	☐ calmo ☐ indifferente ☐ superficiale

PER RISPONDERE

→ **PER RISPONDERE** devi:
- sapere che cosa sono un **sinonimo** e un **contrario**;
- attivare la tua **conoscenza lessicale**;
- trovare, per i due aggettivi proposti, i rispettivi sinonimi e contrari scegliendoli all'interno delle terne date.

→ **Risposte corrette**:
a. 1 rozzo - a. 2 raffinato
b. 1 collerico - b. 2 calmo

C10. Leggi con attenzione la voce seguente, tratta da un dizionario. Poi, per ognuna delle affermazioni in tabella, indica se è vera o falsa.
Metti una crocetta per ogni riga.

> ***sordastro*** [sor-dà-stro] agg., s.
> -agg. Parzialmente sordo; nel l. corrente, che soffre di un leggero difetto uditivo [SIN] med. ipoacusico
> -s.m. (f. *-stra*) Nel sign. dell'agg.
> -sec. XVI

AFFERMAZIONI	VERO	FALSO
a) La parola *sordastro* può essere sia un aggettivo che un nome	☐	☐
b) La parola *sordastro* è composta di 4 sillabe	☐	☐
c) La parola *sordastro* ha cominciato ad essere usata nel '500	☐	☐
d) Il plurale di *sordastro* è irregolare	☐	☐
e) *Sordastro* è sinonimo di *sordo*	☐	☐
f) *Sordastro* in linguaggio medico si dice *ipoacusico*	☐	☐

PER RISPONDERE

→ **PER RISPONDERE** devi:
- leggere con attenzione la voce di **dizionario** proposta;
- interpretare correttamente alcuni indicatori normalmente in uso nei dizionari e presenti nella voce (parentesi, abbreviazioni, date);
- verificare l'esattezza di sei affermazioni riguardanti la voce data, utilizzando tutte le informazioni – esplicite e implicite – date dal dizionario.

È semplice verificare che l'affermazione:

a) è **vera** perché vi sono le abbreviazioni agg. (aggettivo) e s. (sostantivo, nome)
b) è **falsa** perché la scomposizione della parola è in tre sillabe [sor-dà-stro]
c) è **vera** perché la scritta -sec. XVI conferma che dal '500 la parola è usata
d) è **falsa** perché nella descrizione della parola non si parla di plurale
e) è **falsa** perché la parola indica una sordità parziale, leggera
f) è **vera** perché è confermata dalla scritta [SIN] med. ipoacusico

→ Le **risposte corrette** sono perciò:
a) Vero - b) Falso - c) Vero - d) Falso - e) Falso - f) Vero

Avresti saputo rispondere a tutte le domande?
Su quali hai avuto difficoltà?

Se hai letto bene le spiegazioni,
hai certamente capito una cosa fondamentale:
**per affrontare la seconda parte della Prova,
devi aver studiato e conoscere
tutti gli ambiti grammaticali:**

MORFOLOGIA

SINTASSI DELLA FRASE E DEL PERIODO

LESSICO E FORMAZIONE DELLE PAROLE

USO DEL DIZIONARIO

PARTE 2

Prove INTERMEDIE

Esercitare e sviluppare le competenze linguistiche (COMPETENZE TESTUALI, LESSICALI, GRAMMATICALI)

PARTE PRIMA

Leggi il testo e poi rispondi alle domande.

Di nuovo sull'onda

L'auto procedeva lentamente, per non superare il punto mal segnalato in cui avrebbero dovuto svoltare per raggiungere la spiaggia. Il cielo si stava schiarendo e dai finestrini abbassati entrava una brezza asciutta, che penetrava sotto gli abiti leggeri e dava i brividi. Più tardi avrebbe fatto sicuramente caldo ma a quell'ora l'aria era ancora fresca e nitida. Era il momento perfetto che precede l'arrivo di certi giorni d'estate.

Emma guidava e Roberto guardava la strada. Percepiva i mutamenti dentro e fuori di sé, li registrava, li lasciava scorrere. Ogni tanto arrivava una vampata di paura ma passava presto, trasformandosi in una sorta di formicolio dell'anima.

Si erano mossi da Roma molto presto, per essere al mare prima del sorgere del sole. Le previsioni dicevano mareggiata. Santa Marinella non è Dana Point[1] ma quel giorno ci sarebbero state onde molto grandi. Onde eccezionali per il Tirreno e per il mese di luglio.

Insieme alle onde era previsto un afflusso straordinario di surfisti, e dunque arrivare molto presto era indispensabile per non trovarsi su una spiaggia affollata e un mare impraticabile.

Parcheggiarono in uno spiazzo dove c'era già qualche auto. Roberto ebbe la sensazione che le forze lo abbandonassero del tutto. Gli parve di muoversi a fatica, con lentezza, quasi al rallentatore. Scese dall'auto e rimase lì, fermo, senza sapere cosa fare.

«Pensi di andare in acqua così, vestito?» disse Emma. La voce era un misto di ironia e di apprensione. Forse si stava chiedendo se era stata una buona idea. Quell'uomo era salito su un surf l'ultima volta più di trent'anni prima. Chi lo diceva che sarebbe stato di nuovo capace? Volse lo sguardo verso il mare. Era una distesa di schiuma illuminata dalla luce pallida e uniforme dell'aurora.

Senza dire niente Roberto rientrò in macchina per cambiarsi. Ne uscì con il costume, una vecchia maglietta, vecchie scarpe da tennis blu e bianche. Prese la tavola dal portapacchi, la mise sotto il braccio e guardò Emma.

«Roberto, se non te la senti...» La sfumatura di ironia era scomparsa.

«Andiamo» disse lui, e si incamminarono verso il mare.

Sulla spiaggia si intravedevano alcuni ragazzi e alcune tavole, in piedi, piantate nella sabbia. Nessuno sembrava ancora entrato in acqua. Il maestrale spirava, non troppo forte, asciutto e pieno di pericolose promesse.

Non ce la farai, si disse Roberto mentre scendevano in spiaggia e quella sensazione di fiacchezza non lo abbandonava.

1. Dana Point: località sulle coste della California. È una destinazione famosa per il surf.

Non ce la farai, non c'è dubbio. Sei vecchio e hai dimenticato. Quanti anni avevi l'ultima volta? E qual è stata l'ultima volta? Nemmeno riesci e ricordarla. Chissà se è mai esistita quell'epoca. Non è lontana, è solo in un altro mondo. Saresti capace di dire come fai a distinguere i ricordi dai sogni? Quelle onde che ricordi sono silenziose, proprio come i sogni. Allora forse non sono vere.

Non ce la farai.

Emma gli camminava dietro. Per un istante lunghissimo Roberto pensò – *credette* veramente – che fosse sua madre ed ebbe l'impressione di trovarsi in un altro posto e in un'altra vita che poteva essere e non era stata.

Il vento portava di nuovo il profumo della salsedine. Lo stesso di tanti anni prima. Si tolse le scarpe. I piedi affondarono nella sabbia fresca. Sentì sulla faccia, sul corpo, sulla tavola, gli occhi dei ragazzi che avevano già occupato la spiaggia. Sguardi prima di ostilità, poi, dopo averlo visto bene – un vecchio – carichi di scherno.

Uno dei ragazzi si era alzato e aveva mosso qualche passo verso di lui. Forse voleva dirgli qualcosa. Forse voleva dirgli che quella spiaggia, almeno a quell'ora, era di loro proprietà. Era il loro posto, non il suo. Forse non doveva dirgli niente e si era alzato solo per sgranchirsi le gambe. Certo è che gli occhi del ragazzo e quelli di Roberto si incrociarono proprio mentre il sole sorgeva; e il ragazzo distolse lo sguardo e decise di tornare indietro e di lasciar perdere, qualunque cosa avesse pensato di fare. Tornò a sedersi sulla sabbia, vicino alle tavole, scambiando battute imbarazzate con gli amici, ridendo un po' più forte del necessario, che si sentisse.

Ma Roberto non lo sentì. Si fermò solo qualche secondo ad ascoltare il ruggito delle onde. Il sole sorgeva alle sue spalle e proiettò la sua ombra lunghissima, sulla spiaggia, fino all'acqua e giù nel mare.

In quel momento, mentre guardava la sua ombra che si mischiava alla schiuma, gli venne in mente una cosa che aveva letto anni prima.

All'inizio degli anni Novanta una nave mercantile che trasportava un carico di giocattoli da Hong Kong agli Stati Uniti si trovò nel mezzo di una terribile tempesta. Per effetto delle onde altissime una dozzina di container finirono in acqua e si ruppero, liberando nell'oceano decine di migliaia di papere gialle di plastica, quelle che si danno ai bambini piccoli per farli giocare quando fanno il bagno. Era – sembrava – un banale incidente di navigazione, da archiviare insieme alla pratica della compagnia assicurativa.

Le papere non furono d'accordo. Si sparsero per gli oceani, lasciandosi spingere allegramente dal vento, dalle onde, dalle correnti; lasciandosi recuperare sulle spiagge di tutto il pianeta e consentendo agli oceanografi di capire molte cose sul funzionamento degli oceani e delle correnti.

L'immagine delle paperelle intrepide e sorridenti sulla cresta di onde gigantesche nell'oceano in tempesta mise a Roberto un'assurda e incredibile e invincibile allegria. Pensò alla corrente che lo aveva depositato su quella spiaggia dopo un lungo viaggio nella burrasca; e pensò che aveva una sola cosa da fare, arrivato a quel punto. Una sola.

Fu allora che entrò in acqua.

Erano belle onde, pensò remando con le mani ai lati della tavola. Per essere così lontani da qualsiasi oceano non erano male. Almeno un metro e mezzo, forse anche qualcosa di più. Si lasciò scivolare sulla prima, senza nemmeno cercare di alzarsi. Provava una quieta sensazione di ineluttabilità. Quella per cui si può indugiare senza più ansia o paura o preoccupazione.

Si lasciò scivolare anche sulla seconda e poi vide che si stava formando un'onda più grande, alta più di due metri. Quella per cui era arrivato fin lì.

Irrigidì le braccia e i pettorali sulla parte anteriore della tavola, spinse sulla parte posteriore la punta delle dita dei piedi e rimase così, fermo. Come se tutto, intorno, fosse diventato immobile ed eterno.

Poi l'eternità finì.

Distese le braccia, contrasse gli addominali, fece scattare le gambe. Probabilmente le ginocchia gli fecero male ma lui non se ne accorse. Si alzò in piedi e la tavola partì.

Se avesse già letto allora i libri che avrebbe letto poi, Roberto avrebbe saputo descrivere la sensazione che provò, correndo di nuovo sull'onda, come se non avesse mai smesso, nemmeno un solo giorno.

(Tratto da: Gianrico Carofiglio, *Il silenzio dell'onda*, Rizzoli)

A1. Nella prima parte del testo è possibile individuare esattamente quando si svolge la vicenda narrata.

a) Scrivi la stagione: ....

b) Scrivi il mese: ....

A2. Trascrivi due espressioni del testo che fanno capire in quale momento della giornata ha inizio la vicenda.

....

....

A3. Anche le indicazioni dei luoghi si possono individuare in modo preciso. Completa.

a) Il luogo di partenza: ....

b) Il luogo di arrivo: ....

A4. Per quale motivo la partenza era stata decisa così presto?

A. ☐ Il viaggio era lungo e c'era il rischio di mareggiate

B. ☐ Il viaggio era lungo e la strada molto trafficata

C. ☐ Era previsto un affollamento eccezionale di surfisti

D. ☐ Era prevista una bellissima giornata con spiagge affollate

A5. Nel corso del viaggio, Roberto prova sensazioni alterne (righe 7-9), descritte con espressioni figurate.
Individua e trascrivi la metafora usata dall'autore per spiegare il leggero disturbo interiore che gli rimane ogni volta, dopo che è diminuita l'ondata di panico.

Roberto prova ....

A6. Emma, quando guarda Roberto fermo sulla spiaggia (righe 21-22)

A. ☐ è convinta che sia stata una pessima idea

B. ☐ lo prende in giro ma è anche preoccupata

C. ☐ è ansiosa e arrabbiata perché non si decide

D. ☐ lo deride beffeggiandolo perché è ancora vestito

A7. Quale frase, ripetuta più volte da Roberto parlando tra sé e sé, mentre scende alla spiaggia, rivela i suoi timori?

....

A8. Alla riga 43, la parola "credette" è scritta in corsivo per

A. ☐ sottolineare che Roberto era davvero convinto di ciò che pensava

B. ☐ sottolineare che il pensiero di Roberto si stava trasformando in realtà

C. ☐ isolare meglio ciò che stava pensando Roberto

D. ☐ dare più importanza all'immaginazione di Roberto

A9. In base alla descrizione (righe 46-57), quali delle seguenti frasi potrebbero corrispondere ai pensieri dei ragazzi sulla spiaggia, all'arrivo di Roberto?
Metti una crocetta per ogni riga.

FRASI PENSATE DAI RAGAZZI	VERO	FALSO
a) Che cosa vuole questo qui? Questo è il nostro posto!	☐	☐
b) Ma guardate un po' che tavola antiquata ha questo!	☐	☐
c) Avete visto? Adesso anche i vecchi ci si mettono!	☐	☐
d) Ehi, questo ha l'aria di uno in gamba!	☐	☐
e) Adesso gliene dico quattro... Ma no, non ne vale la pena!	☐	☐

A10. L'episodio delle paperelle (righe 63-73) si può definire

A. ☐ una anticipazione

B. ☐ una rievocazione

C. ☐ una digressione

D. ☐ una descrizione

A11. Il verbo "archiviare", alla riga 68, ha il significato di

A. ☐ catalogare

B. ☐ memorizzare

C. ☐ accantonare

D. ☐ insabbiare

A12. Indica quali delle espressioni seguenti, che nel testo si riferiscono alle papere di plastica, danno l'idea che le paperelle siano dotate di una volontà propria e quali no.

Metti una crocetta per ogni riga.

	SÌ	NO
a) Le papere non furono d'accordo	☐	☐
b) liberando decine di migliaia di papere gialle	☐	☐
c) Si sparsero per gli oceani	☐	☐
d) consentendo agli oceanografi	☐	☐
e) quelle che si danno ai bambini piccoli per farli giocare	☐	☐
f) intrepide e sorridenti sulla cresta di onde gigantesche	☐	☐

A13. L'espressione metaforica "un lungo viaggio nella burrasca" (righe 76-77) va riferita

A. ☐ al lungo viaggio delle papere tra le onde enormi

B. ☐ a un lungo e difficile periodo della vita di Roberto

C. ☐ al viaggio di Roberto prima di giungere alla spiaggia

D. ☐ a un viaggio pieno di avventure superato da Roberto

A14. Roberto «pensò che aveva una sola cosa da fare» (riga 77). Qual è l'unica cosa che deve fare Roberto?

....

....

....

A15. Alla riga 83 e alla riga 86 viene ripetuto per due volte il pronome "quella".

a) A quale parola si riferisce il primo "quella? ....

b) A quale parola si riferisce il secondo "quella? ....

A16. La parola "ineluttabilità" (riga 83) indica che Roberto

A. ☐ prova nuovamente la sensazione che non sarà più capace

B. ☐ prova il timore di non potersi più tirare indietro

C. ☐ sente che sta per fare qualcosa di irreparabile

D. ☐ sente che il momento è giunto ed è inevitabile

A17. Nel corso dell'intera narrazione, Roberto vive differenti sensazioni, che ti elenchiamo nella tabella. Numerale, nell'ordine in cui compaiono.

SENSAZIONI	N° ORDINE
a) idea di non farcela	....
b) allegria, ottimismo	....
c) tranquillità e determinazione	....
d) movimenti faticosi	....
e) ondate di paura	....
f) senso di fiacchezza	....

A18. Tra le seguenti informazioni che riguardano Roberto, quale NON compare nella narrazione?

A. ☐ Sa valutare la dimensione giusta delle onde

B. ☐ In futuro leggerà dei libri

C. ☐ Ha fatto un viaggio partendo da Hong Kong

D. ☐ In passato ha praticato il surf

A19. Secondo te, il titolo anticipa il finale dell'episodio? Scegli e motiva la tua risposta.

SÌ, perché ....

....

NO, perché ....

....

GRAMMATICA

B1. Numera in ordine alfabetico le seguenti parole.

PAROLE	ORDINE ALFABETICO
a) fatica	....
b) formicolio	....
c) finestrini	....
d) fuori	....
e) forze	....
f) fermo	....
g) faccia	....

B2. Nelle frasi "... quel giorno ci sarebbero state onde molto grandi. Onde eccezionali per il Tirreno..." sono presenti

A. ☐ due aggettivi qualificativi di grado comparativo di maggioranza

B. ☐ due aggettivi qualificativi di grado superlativo assoluto

C. ☐ due aggettivi qualificativi, uno di grado superlativo assoluto l'altro positivo

D. ☐ due aggettivi qualificativi, uno di grado superlativo relativo l'altro positivo

B3. Indica la funzione grammaticale della parola "che" nelle seguenti frasi.
Metti una crocetta per ogni riga.

FRASI	PRONOME RELATIVO	CONGIUNZIONE SUBORDINANTE
a) una brezza asciutta, <u>che</u> penetrava sotto gli abiti	☐	☐
b) Roberto ebbe la sensazione <u>che</u> le forze lo abbandonassero	☐	☐
c) Forse voleva dirgli <u>che</u> quella spiaggia era di loro proprietà	☐	☐
d) guardava la sua ombra <u>che</u> si mischiava alla schiuma	☐	☐

B4. A quale categoria grammaticale appartiene la parola sottolineata?

"Sulla spiaggia si intravedevano alcuni ragazzi e alcune tavole, in piedi, piantate nella sabbia. Nessuno sembrava ancora entrato in acqua."

A. ☐ Aggettivo indefinito

B. ☐ Pronome indefinito

C. ☐ Aggettivo dimostrativo

D. ☐ Pronome personale

B5. Nella frase che segue individua e sottolinea tutti gli articoli.

"La voce era un misto di ironia e di apprensione. Forse si stava chiedendo se era stata una buona idea. Chi lo diceva che sarebbe di nuovo stato capace? Volse lo sguardo verso il mare".

B6. In quale delle seguenti frasi il verbo "essere" ha la funzione di predicato nominale?

A. ☐ Uno dei ragazzi si era alzato

B. ☐ Il mare era una distesa di schiuma

C. ☐ La sfumatura di ironia era scomparsa

D. ☐ Era previsto un afflusso straordinario di surfisti

B7. Nella frase "Secondo Roberto arrivare molto presto sulla spiaggia era indispensabile", qual è il soggetto?

A. ☐ Roberto

B. ☐ Indispensabile

C. ☐ Arrivare

D. ☐ Spiaggia

B8. Scrivi la funzione logica (soggetto, predicato, complemento...) delle parole sottolineate nelle seguenti frasi o espressioni.

	FUNZIONE LOGICA
a) Ogni tanto arrivava una vampata di paura	....
b) Gli parve di muoversi a fatica	....
c) Le papere si sparsero per gli oceani	....
d) Forse voleva dirgli qualcosa	....

B9. **Nel periodo "Senza dire niente Roberto rientrò in macchina per cambiarsi" qual è la frase principale? Trascrivila.**

....

B10. **Osserva lo schema. Quale tra i periodi che seguono corrisponde a questo schema di analisi?**

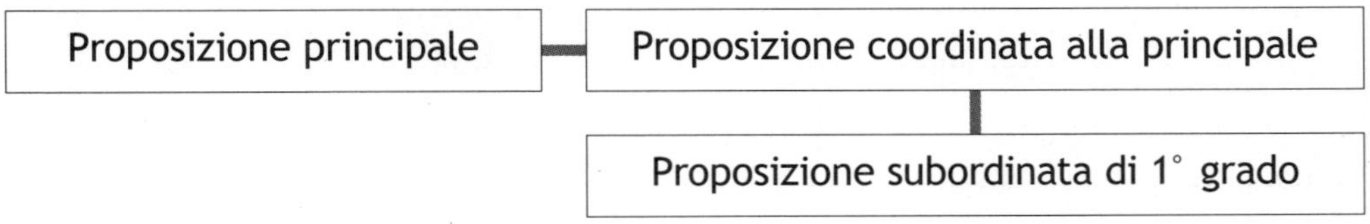

A. ☐ L'auto procedeva lentamente, per non superare il punto mal segnalato

B. ☐ Scese dall'auto e rimase lì, senza sapere che cosa fare

C. ☐ Distese le braccia, contrasse gli addominali, fece scattare le gambe

D. ☐ Era il momento perfetto che precede l'arrivo di certi giorni d'estate

GRIGLIA DI AUTOCORREZIONE DELLA **PROVA 1**

PARTE PRIMA Gianrico Carofiglio ▪ **Di nuovo sull'onda**

DOMANDA	RISPOSTA CORRETTA	MIA RISPOSTA	AUTOVALUTAZIONE	
			POSITIVA	NEGATIVA
A1. a)	…………………………………………	…………………………………………	☐	☐
A1. b)	…………………………………………	…………………………………………	☐	☐
A2.	………………………………………… ………………………………………… ………………………………………… ………………………………………… ………………………………………… ………………………………………… ………………………………………… ………………………………………… ………………………………………… ………………………………………… ………………………………………… ………………………………………… …………………………………………	………………………………………… ………………………………………… ………………………………………… ………………………………………… ………………………………………… ………………………………………… ………………………………………… ………………………………………… ………………………………………… ………………………………………… ………………………………………… ………………………………………… …………………………………………	☐	☐
A3. a)	…………………………………………	…………………………………………	☐	☐
A3. b)	…………………………………………	…………………………………………	☐	☐
A4.	A. ☐ B. ☐ C. ☐ D. ☐	A. ☐ B. ☐ C. ☐ D. ☐	☐	☐
A5.	………………………………………… ………………………………………… …………………………………………	………………………………………… ………………………………………… …………………………………………	☐	☐
A6.	A. ☐ B. ☐ C. ☐ D. ☐	A. ☐ B. ☐ C. ☐ D. ☐	☐	☐
A7.	…………………………………………	…………………………………………	☐	☐
A8.	A. ☐ B. ☐ C. ☐ D. ☐	A. ☐ B. ☐ C. ☐ D. ☐	☐	☐
A9. a)	VERO ☐ FALSO ☐	VERO ☐ FALSO ☐	☐	☐
A9. b)	VERO ☐ FALSO ☐	VERO ☐ FALSO ☐	☐	☐
A9. c)	VERO ☐ FALSO ☐	VERO ☐ FALSO ☐	☐	☐
A9. d)	VERO ☐ FALSO ☐	VERO ☐ FALSO ☐	☐	☐
A9. e)	VERO ☐ FALSO ☐	VERO ☐ FALSO ☐	☐	☐

DOMANDA	RISPOSTA CORRETTA	MIA RISPOSTA	AUTOVALUTAZIONE	
			POSITIVA	NEGATIVA
A10.	A. ☐ B. ☐ C. ☐ D. ☐	A. ☐ B. ☐ C. ☐ D. ☐	☐	☐
A11.	A. ☐ B. ☐ C. ☐ D. ☐	A. ☐ B. ☐ C. ☐ D. ☐	☐	☐
A12. a)	SÌ ☐ NO ☐	SÌ ☐ NO ☐	☐	☐
A12. b)	SÌ ☐ NO ☐	SÌ ☐ NO ☐	☐	☐
A12. c)	SÌ ☐ NO ☐	SÌ ☐ NO ☐	☐	☐
A12. d)	SÌ ☐ NO ☐	SÌ ☐ NO ☐	☐	☐
A12. e)	SÌ ☐ NO ☐	SÌ ☐ NO ☐	☐	☐
A12. f)	SÌ ☐ NO ☐	SÌ ☐ NO ☐	☐	☐
A13.	A. ☐ B. ☐ C. ☐ D. ☐	A. ☐ B. ☐ C. ☐ D. ☐	☐	☐
A14.	....	....	☐	☐
A15. a)	....	....	☐	☐
A15. b)	....	....	☐	☐
A16.	A. ☐ B. ☐ C. ☐ D. ☐	A. ☐ B. ☐ C. ☐ D. ☐	☐	☐
A17. a)	....	....	☐	☐
A17. b)	....	....	☐	☐
A17. c)	....	....	☐	☐
A17. d)	....	....	☐	☐
A17. e)	....	....	☐	☐
A17. f)	....	....	☐	☐

DOMANDA	RISPOSTA CORRETTA	MIA RISPOSTA	AUTOVALUTAZIONE	
			POSITIVA	NEGATIVA
A18.	A. ☐ B. ☐ C. ☐ D. ☐	A. ☐ B. ☐ C. ☐ D. ☐	☐	☐
A19.	....	....	☐	☐

11 TOTALE RISPOSTE CORRETTE

TOTALE RISPOSTE SBAGLIATE/NON DATE

PARTE SECONDA **Grammatica**

DOMANDA	RISPOSTA CORRETTA	MIA RISPOSTA	AUTOVALUTAZIONE	
			POSITIVA	NEGATIVA
B1. a)	....	....	☐	☐
B1. b)	....	....	☐	☐
B1. c)	....	....	☐	☐
B1. d)	....	....	☐	☐
B1. e)	....	....	☐	☐
B1. f)	....	....	☐	☐
B1. g)	....	....	☐	☐
B2.	A. ☐ B. ☐ C. ☐ D. ☐	A. ☐ B. ☐ C. ☐ D. ☐	☐	☐

DOMANDA	RISPOSTA CORRETTA	MIA RISPOSTA	AUTOVALUTAZIONE	
			POSITIVA	NEGATIVA
B3. a)	PRONOME RELATIVO ☐ CONG. SUBORDINANTE ☐	PRONOME RELATIVO ☐ CONG. SUBORDINANTE ☐	☐	☐
B3. b)	PRONOME RELATIVO ☐ CONG. SUBORDINANTE ☐	PRONOME RELATIVO ☐ CONG. SUBORDINANTE ☐	☐	☐
B3. c)	PRONOME RELATIVO ☐ CONG. SUBORDINANTE ☐	PRONOME RELATIVO ☐ CONG. SUBORDINANTE ☐	☐	☐
B3. d)	PRONOME RELATIVO ☐ CONG. SUBORDINANTE ☐	PRONOME RELATIVO ☐ CONG. SUBORDINANTE ☐	☐	☐
B4.	A. ☐ B. ☐ C. ☐ D. ☐	A. ☐ B. ☐ C. ☐ D. ☐	☐	☐
B5.	....	....	☐	☐
B6.	A. ☐ B. ☐ C. ☐ D. ☐	A. ☐ B. ☐ C. ☐ D. ☐	☐	☐
B7.	A. ☐ B. ☐ C. ☐ D. ☐	A. ☐ B. ☐ C. ☐ D. ☐	☐	☐
B8. a)	......	......	☐	☐
B8. b)	......	......	☐	☐
B8. c)	......	......	☐	☐
B8. d)	......	......	☐	☐
B9.	......	......	☐	☐
B10.	A. ☐ B. ☐ C. ☐ D. ☐	A. ☐ B. ☐ C. ☐ D. ☐	☐	☐

TOTALE RISPOSTE CORRETTE	
TOTALE RISPOSTE SBAGLIATE/NON DATE	

VALUTAZIONE DELL'INSEGNANTE	Competenza testuale	......
	Competenza grammaticale	......

PARTE PRIMA

Leggi il testo e poi rispondi alle domande.

Il sogno di una bicicletta

Il mio interesse per la bici e il ciclismo è cominciato molto presto, certamente prima che avessi compiuto dieci anni, perché la domanda di rito che rivolgevo a qualunque nuova persona che incontravo, sia che fosse un ragazzino come me o un amico dei miei era: «Sei per Binda o per Guerra?»[1]. Io ero per Binda. Questa fu la prima domanda che rivolsi anche ad Aldo[2], quando al giardino pubblico del Bobolino[3] mi offrì di giocare con lui e i suoi amici, perché io "avevo la palla" e potevamo fare un torneo. Allora avevo appena compiuto undici anni. Lui ne aveva tredici ed era per Guerra. Oggi io ne ho ottantanove e lui novantuno, ma giochiamo ancora insieme.

Era l'estate del 1933 e le imprese dei ciclisti al Giro d'Italia o a quello di Francia erano molto più seguite di oggi. Non c'era la televisione, ma solo quelle grandi radio gracchianti, che i miei non avevano mai voluto o potuto prendere, e io dovevo aspettare il giorno dopo, quando andavamo a fare la spesa da Silviero, il pizzicagnolo[4], e da lui era sempre possibile dare un'occhiata alla pagina sportiva della «Nazione»[5].

A quei tempi mi era capitato di leggere da qualche parte le imprese, davvero eroiche, di Girardengo e Bottecchia, che correvano prima o poco dopo il mio anno di nascita (1922), quando le tappe del Giro d'Italia erano spaventosamente lunghe, duecento e più chilometri, su strade sterrate e polverose, dove frequenti erano le forature.

Avrò avuto dodici o tredici anni, a scuola si leggevano l'*Iliade* e l'*Odissea*, popolate di dei, semidei, eroi, e anche i campioni sportivi li vedevo un po' come mezze divinità. Ricordo che un anno la tappa del Giro si concluse a Firenze, presso il Campo di Marte, dove c'era lo stadio. Noi eravamo in casa di amici che abitavano proprio sul viale davanti all'impianto sportivo. Io ero uscita nella speranza di vederli da vicino e mi trovai a un tratto accanto a Guerra. Sebbene fossi per Binda, ricordo che gli toccai il braccio come se fosse stato qualcosa di straordinario, una reliquia miracolosa, e mi parve un omone gigantesco.

A tutto questo interesse per le gare ciclistiche e per i campioni si aggiunse presto un desiderio sempre più intenso per la bicicletta, imparare ad andarci e possederne una mia.

Allora non c'erano le bici con le rotelle laterali per i bambini. Di solito si imparava con quelle dei grandi, con qualche volenteroso che, tenendoci per il sellino, ci

1. **Binda... Guerra:** due grandi campioni del ciclismo italiano nei primi decenni del Novecento.
2. **Aldo:** il futuro marito di Margherita Hack.
3. **Bobolino:** nome di un giardino pubblico di Firenze.
4. **pizzicagnolo:** negoziante di salumi e formaggi.
5. **«Nazione»:** quotidiano di Firenze.

faceva correre abituandoci pian piano alla difficile arte dell'equilibrio sulle due ruote.

In seguito ad alcuni lavori fatti nella casa di Campo di Marte, avevamo conosciuto un bravo muratore, un certo Galardi, che si muoveva sempre e solo in bicicletta. Era diventato un amico di famiglia e, saputo della mia passione, si era offerto di insegnarmi. La sua era una bici pesante, da uomo, e arrivavo a fatica ai pedali. Una volta inerpicata sul sellino, mentre io pedalavo, lui correva tenendomi appunto per la sella.

Veniva abbastanza spesso e proprio grazie a lui ho imparato e, quasi senza accorgermi che non mi teneva più per il sellino, ho cominciato ad andare, e mi sembrava incredibile. Per l'euforia pedalavo con vigore su per il viale fino a piazzale Galileo, mentre lui mi correva dietro urlandomi di andare piano; infine sul piazzale, cercando di girare, finii sul ghiaino e poi per terra; ero terrorizzata all'idea di aver rotto la bici, ma per fortuna si era solo storto un po' il manubrio e lui lo raddrizzò subito stringendo la ruota davanti fra le ginocchia, un'operazione che ho poi ripetuto innumerevoli volte.

Ma per tornare non si fidò a lasciarmi andare in discesa, mi fece sedere sulla canna e mi riportò a casa. Comunque ormai sapevo andare in bicicletta e un breve giretto da sola in pianura me lo lasciava fare tutte le volte che capitava da noi.

Finalmente, dopo la promozione di terza media, ebbi una bicicletta tutta per me. Quell'estate del 1938, cominciai a fare lunghe gite in bicicletta, qualche volta alle Cascine con compagni e compagne, ma più spesso da sola. Andavo via verso le nove con un panino e un pezzettino di parmigiano che mi dava il babbo e tornavo per mezzogiorno e mezzo; prendevo le strade provinciali, allora già quasi tutte asfaltate, ma prive di traffico, salvo qualche rara macchina, qualche camion, ma soprattutto qualche carro agricolo trainato da quei grossi cavalloni da tiro che ormai non si vedono più. Ricordo che da Pratolino sopra Fiesole, fino a Firenze nell'allora piazza Cavour (oggi della Libertà) c'erano esattamente 18 chilometri. Per tornare in giù, tutta discesa, dovevo impiegare 18 minuti per fare la media di 60 all'ora. Controllato l'orologio, mi buttavo giù a rotta di collo, pedalando furiosamente per rispettare la media prefissata.

Allora non pensavo nemmeno all'eventualità di un ostacolo improvviso, di una rottura dei freni o altri inconvenienti, come invece mi capita ora.

Forse è vero che quando siamo giovani non si pensa ai possibili pericoli, si gusta solo l'ebbrezza della velocità, del vento in faccia che porta il profumo delle piante, e pensando a questo non me la prendo coi ragazzini in scooter che compiono pazzesche gincane fra le macchine.

A ottobre, tornai a scuola, in prima liceo. Tutte compagne nuove, quasi tutte di famiglie dell'alta borghesia, figlie di professori universitari, primari d'ospedale, avvocati ecc., tutte con una gran puzza sotto il naso, che guardavano con disprezzo la mia compagna di banco che era figlia di un questurino, e le altre quattro o cinque di estrazione piccolo borghese. Non avevo mai sperimentato prima queste divisioni classiste.

La maggioranza delle mie compagne parlava solo di balli, di ragazzi, di vestiti e mi guardava con un certo disprezzo quando arrivavo la mattina sudata e scarruffata con la mia bicicletta, oppure, quando pioveva, inzuppata ma felice per la bella pedalata dal Poggio Imperiale fino in centro. Ormai non mi muovevo più senza la bicicletta. Ma in seconda e terza le cose cambiarono, o meglio cambiai io. A forza di esser presa in giro dalle mie raffinate ed eleganti compagne, cominciai a vergognarmi di essere tanto diversa, di non badare all'aspetto esteriore, di non aver conquiste né storie di balli e feste da raccontare. In una parola, cercai di uniformarmi, di cambiare la mia personalità. Quando ripenso a quei due anni, li considero quelli in cui sono stata più stupida, perché invece di essere me stessa, come avevo sempre fatto, cercavo di costruirmi una falsa personalità che potesse ricevere l'approvazione delle mie compagne più snob.

(Tratto da: Margherita Hack, *La mia vita in bicicletta*, Ediciclo Editore)

A1. In quale decennio è ambientata prevalentemente la vicenda narrata?

A. ☐ 1940-1950

B. ☐ 2000-2010

C. ☐ 1930-1940

D. ☐ 1920-1930

A2. Quale città e paesi vicini sono citati nel testo?

....

A3. Nella frase «la domanda di rito che rivolgevo a qualunque nuova persona», l'espressione "di rito" significa

A. ☐ importante

B. ☐ abituale

C. ☐ solenne

D. ☐ obbligatoria

A4. Come vedeva i campioni sportivi Margherita, da bambina?
Trascrivi la frase usata nel testo.

....

....

A5. In alcuni punti della narrazione sono citati elementi di vita quotidiana caratteristici di anni lontani da noi. Quali, tra i seguenti?

Metti una crocetta per ogni riga.

	SÌ	NO
a) Non c'era la televisione, ma solo quelle grandi radio gracchianti	☐	☐
b) a scuola si leggevano l'*Iliade* e l'*Odissea*	☐	☐
c) non c'erano le bici con le rotelle laterali per i bambini	☐	☐
d) le tappe del Giro d'Italia erano spaventosamente lunghe, su strade sterrate e polverose	☐	☐
e) strade provinciali, allora già quasi tutte asfaltate, ma prive di traffico	☐	☐
f) Non avevo mai sperimentato queste divisioni classiste	☐	☐

A6. Margherita tocca il braccio del campione come se fosse una "reliquia miracolosa" (riga 28).
In quale delle seguenti frasi la parola "reliquia" è usata con lo stesso significato?

A. ☐ Nell'America centrale ci sono molte reliquie di antiche civiltà

B. ☐ Ada conserva quella ciocca di capelli come una sacra reliquia

C. ☐ In un'urna del Duomo è conservata una reliquia del patrono

D. ☐ Di quella necropoli etrusca non restano che scarse reliquie

---

A7. L'uso della parola "inerpicata", alla riga 40, vuole indicare

A. ☐ la difficoltà con cui la ragazzina raggiunge la sella della bici

B. ☐ la fatica con cui la ragazzina affrontava le dure salite in bici

C. ☐ la paura con cui la ragazzina si aggrappava al sellino della bici

D. ☐ l'ansia di essere lasciata sola a pedalare su quella bici pesante

**A8. Nel testo compaiono molte espressioni che riguardano l'atteggiamento di Margherita nei confronti della bicicletta.
Numera le seguenti in ordine di intensità crescente.**

ESPRESSIONI	ORDINE
a) per l'euforia pedalavo con vigore	....
b) saputo della mia passione	....
c) un desiderio sempre più intenso	....
d) il mio interesse per la bici e il ciclismo	....
e) l'ebbrezza della velocità	....

**A9. L'espressione "a rotta di collo" (riga 64) è polirematica, perché costituita da un gruppo di più parole con un significato unitario.
Con quale altra espressione di significato equivalente potresti sostituirla?**

A. ☐ a gambe all'aria

B. ☐ a piè pari

C. ☐ con la coda tra le gambe

D. ☐ di gran carriera

A10. Chi racconta afferma di non prendersela con i ragazzi in scooter (righe 70-71), perché sa che in loro prevale

A. ☐ l'attenzione ai pericoli

B. ☐ la paura degli ostacoli

C. ☐ il gusto della velocità

D. ☐ il piacere del vento

A11. Le compagne di prima liceo hanno "la puzza sotto il naso" perché

A. ☐ criticano i vestiti e i profumi delle altre compagne

B. ☐ trovano insopportabili gli atteggiamenti delle altre compagne

C. ☐ parlano male delle compagne in loro presenza

D. ☐ considerano indegna la compagnia delle ragazze meno ricche

A12. Nell'espressione «divisioni classiste» (riga 77) la parola "classiste" si riferisce

A. ☐ alla condizione sociale

B. ☐ all'aula scolastica

C. ☐ alla categoria di età

D. ☐ al grado di istruzione

A13. Quali coppie di aggettivi sono usate per descrivere l'aspetto e lo stato d'animo di Margherita, quando arrivava la mattina a scuola?

a) prima coppia: ....

b) seconda coppia: ....

A14. Margherita ritiene di essersi comportata in maniera stupida in seconda e in terza liceo, perché è convinta che

A. ☐ avrebbe dovuto imparare prima a comportarsi elegantemente

B. ☐ si era sbagliata a giudicare male le compagne più snob

C. ☐ sia più importante essere se stessi e seguire la propria indole

D. ☐ anche se era cambiata non era riuscita a imitare le compagne

---

A15. Dal testo si ricavano alcune informazioni sulla vita di Margherita Hack. Trascrivi accanto a ciascuna frase il numero dell'informazione corrispondente, scelta tra quelle riportate sotto la tabella. Attenzione, le informazioni sono due in più.

FRASI DEL TESTO	N° INFORMAZIONI
a) Oggi io ne ho ottantanove e lui novantuno, ma giochiamo ancora insieme	....
b) ero terrorizzata all'idea di aver rotto la bici	....
c) cominciai a fare lunghe gite in bicicletta [...] più spesso da sola	....
d) non pensavo nemmeno all'eventualità di un ostacolo improvviso	....

INFORMAZIONI

1. Da ragazza era un po' spericolata
2. Ha avuto una vita matrimoniale lunga e felice
3. Aveva desiderato appartenere al gruppo
4. Era una ragazzina rispettosa delle cose degli altri
5. Aveva superato il momento in cui aveva paura di essere diversa
6. Era una ragazza autonoma e indipendente

A16. La protagonista del racconto e chi l'ha scritto sono la stessa persona?

A. ☐ Sono la stessa persona

B. ☐ Non sono la stessa persona

Da che cosa l'hai capito?

....

....

PROVA 2
PARTE SECONDA

GRAMMATICA

B1. Leggi la seguente frase.

"mi trovai a un tratto accanto a Guerra. Sebbene fossi per Binda, ricordo che gli toccai il braccio"

a) a quale parola si riferisce il pronome sottolineato?

....

b) quale funzione sintattica (soggetto, complemento...) ha il pronome?

....

B2. Nella frase «dare un'occhiata alla pagina sportiva», la parola "occhiata" è

A. ☐ alterata

B. ☐ composta

C. ☐ derivata

D. ☐ primitiva

B3. In ognuna delle seguenti frasi, a quale categoria appartiene la parola sottolineata?

FRASI	CATEGORIA	
a) Domani ci sarà la distribuzione dei premi ai vincitori	nome ☐	verbo ☐
b) I giovani sono sempre pronti a nuove esperienze	aggettivo ☐	nome ☐
c) Questa è la mia tenda, quella è la tua	pronome ☐	aggettivo ☐
d) Pur di raggiungere il potere, molti agiscono in modo disonesto	verbo ☐	nome ☐

B4. **Leggi il periodo che segue, composto da due frasi.**

"Se questa mattina ci fosse meno traffico, andrei a scuola in bicicletta".

Individua il soggetto di ogni frase e scrivilo accanto a ognuna.

FRASI	SOGGETTO
a) Se questa mattina ci fosse meno traffico	....
b) andrei a scuola in bicicletta	....

B5. **I pronomi sottolineati nella frase che segue si riferiscono a due persone diverse: Paolo e l'avvocato.**
Indica quali pronomi si riferiscono a Paolo e quali all'avvocato.

"Paolo era perplesso perché l'avvocato in un primo tempo <u>gli</u> aveva detto di aspettar<u>lo</u> in anticamera e ora proprio <u>lui</u> <u>lo</u> rimproverava di essere in ritardo all'appuntamento".

Metti una crocetta per ogni riga.

PRONOMI	PAOLO	AVVOCATO
a) gli	☐	☐
b) -lo	☐	☐
c) lui	☐	☐
d) lo	☐	☐

B6. **Nella frase**

"Giovanni, correndo in bicicletta su una strada dissestata, è caduto perché si è fatto molto male"

c'è una parola che non va bene.

a) Qual è? ....

b) Riscrivi la frase sostituendo la parola che non va bene.

....

....

....

B7. Leggi attentamente la seguente voce di dizionario.

mezzo [**mèż-żo**], dal lat. *mèdius*
1. agg. di ogni cosa che (per numero, quantità, grandezza, volume, massa, durata, valore, ecc.) è la metà di un intero. **2.** medio, intermedio. **3.** poco meno di, quasi, per metà. **4.** s.m. parte corrispondente alla metà di un tutto. **5.** il punto o la parte centrale di qualcosa. **6.** modo o strumento per raggiungere un determinato scopo.
Al plurale: **a.** denari, averi, possibilità economiche: **mezzi di sussistenza** (i denari necessari per vivere, costituiti dallo stipendio o dal salario, da una rendita, ecc.); anche assol. **mezzi**, in frasi quali **essere privo di mezzi. b.** nome generico delle varie specie di veicoli adibiti al trasporto di persone o di cose. **c.** doti, capacità, in frasi come *Ha tutti i mezzi per riuscire negli studi.*

Ora indica se ciascuna delle seguenti affermazioni è vera o falsa.
Metti una crocetta per ogni riga.

	VERO	FALSO
a) può essere sia aggettivo sia sostantivo	☐	☐
b) è una parola nata di recente	☐	☐
c) nella frase «Compra mezzo litro di latte» il termine "mezzo" è usato con il significato numero 5	☐	☐
d) nella frase «La marea ha raggiunto un metro e mezzo» il termine "mezzo" è usato con il significato numero 4	☐	☐
e) ha diversi significati sia al singolare sia al plurale	☐	☐
f) nella frase «Preferisco usare i mezzi pubblici» il termine "mezzo" è usato con il significato b. del plurale	☐	☐

B8. In quale dei seguenti periodi la congiunzione "perché" introduce una proposizione finale esplicita?

A. ☐ Non capisco perché vi abbiano escluso dalla gara

B. ☐ Perché non partecipate tutti alla gara?

C. ☐ Perché tu possa partecipare alla gara ti devi allenare bene

D. ☐ Mi chiedo perché tu abbia deciso di non partecipare alla gara

B9. In ciascun periodo della tabella indica il tipo della subordinata sottolineata.

	TIPO DI SUBORDINATA
a) <u>saputo della mia passione</u>, si era offerto di insegnarmi	causale ☐ finale ☐ temporale ☐ relativa ☐
b) <u>controllato l'orologio</u>, mi buttavo giù a rotta di collo	causale ☐ finale ☐ temporale ☐ relativa ☐

B10. Nel periodo "Essendo molto povero, fu costretto a lasciare la scuola per lavorare" il verbo al modo gerundio introduce

A. ☐ una proposizione subordinata causale esplicita

B. ☐ una proposizione subordinata causale implicita

C. ☐ una proposizione subordinata temporale esplicita

D. ☐ una proposizione subordinata temporale implicita

B11. Leggi il seguente periodo:

"Sebbene fossi per Binda, ricordo che gli toccai il braccio come se fosse stato qualcosa di straordinario e mi parve un omone gigantesco".

Ora distingui all'interno del periodo le varie frasi e completa la tabella trascrivendole al posto giusto.

a)	**Principale**
b)	**Subordinata di 1° grado**
c)	**Subordinata di 1° grado**
d)	**Subordinata di 2° grado**
e)	**Coordinata alla subordinata di 2° grado**

GRIGLIA DI AUTOCORREZIONE DELLA **PROVA 2**

PARTE PRIMA Margherita Hack ▪ **Il sogno di una bicicletta**

DOMANDA	RISPOSTA CORRETTA	MIA RISPOSTA	AUTOVALUTAZIONE	
			POSITIVA	NEGATIVA
A1.	A. ☐ B. ☐ C. ☐ D. ☐	A. ☐ B. ☐ C. ☐ D. ☐	☐	☐
A2.	....	....	☐	☐
A3.	A. ☐ B. ☐ C. ☐ D. ☐	A. ☐ B. ☐ C. ☐ D. ☐	☐	☐
A4.	....	....	☐	☐
A5. a)	SÌ ☐ NO ☐	SÌ ☐ NO ☐	☐	☐
A5. b)	SÌ ☐ NO ☐	SÌ ☐ NO ☐	☐	☐
A5. c)	SÌ ☐ NO ☐	SÌ ☐ NO ☐	☐	☐
A5. d)	SÌ ☐ NO ☐	SÌ ☐ NO ☐	☐	☐
A5. e)	SÌ ☐ NO ☐	SÌ ☐ NO ☐	☐	☐
A5. f)	SÌ ☐ NO ☐	SÌ ☐ NO ☐	☐	☐
A6.	A. ☐ B. ☐ C. ☐ D. ☐	A. ☐ B. ☐ C. ☐ D. ☐	☐	☐
A7.	A. ☐ B. ☐ C. ☐ D. ☐	A. ☐ B. ☐ C. ☐ D. ☐	☐	☐
A8. a)	....	....	☐	☐
A8. b)	....	....	☐	☐
A8. c)	....	....	☐	☐
A8. d)	....	....	☐	☐
A8. e)	....	....	☐	☐
A9.	A. ☐ B. ☐ C. ☐ D. ☐	A. ☐ B. ☐ C. ☐ D. ☐	☐	☐
A10.	A. ☐ B. ☐ C. ☐ D. ☐	A. ☐ B. ☐ C. ☐ D. ☐	☐	☐
A11.	A. ☐ B. ☐ C. ☐ D. ☐	A. ☐ B. ☐ C. ☐ D. ☐	☐	☐
A12.	A. ☐ B. ☐ C. ☐ D. ☐	A. ☐ B. ☐ C. ☐ D. ☐	☐	☐

DOMANDA	RISPOSTA CORRETTA	MIA RISPOSTA	AUTOVALUTAZIONE	
			POSITIVA	NEGATIVA
A13. a)	....	....	☐	☐
A13. b)	....	....	☐	☐
A14.	A. ☐ B. ☐ C. ☐ D. ☐	A. ☐ B. ☐ C. ☐ D. ☐	☐	☐
A15. a)	....	....	☐	☐
A15. b)	....	....	☐	☐
A15. c)	....	....	☐	☐
A15. d)	....	....	☐	☐
A16.	A. ☐ B. ☐	A. ☐ B. ☐	☐	☐

TOTALE RISPOSTE CORRETTE	
TOTALE RISPOSTE SBAGLIATE/NON DATE	

PARTE SECONDA **Grammatica**

DOMANDA	RISPOSTA CORRETTA	MIA RISPOSTA	AUTOVALUTAZIONE	
			POSITIVA	NEGATIVA
B1. a)	....	....	☐	☐
B1. b)	....	....	☐	☐
B2.	A. ☐ B. ☐ C. ☐ D. ☐	A. ☐ B. ☐ C. ☐ D. ☐	☐	☐
B3. a)	NOME ☐ VERBO ☐	NOME ☐ VERBO ☐	☐	☐
B3. b)	AGGETTIVO ☐ NOME ☐	AGGETTIVO ☐ NOME ☐	☐	☐
B3. c)	PRONOME ☐ AGGETTIVO ☐	PRONOME ☐ AGGETTIVO ☐	☐	☐
B3. d)	VERBO ☐ NOME ☐	VERBO ☐ NOME ☐	☐	☐

DOMANDA	RISPOSTA CORRETTA	MIA RISPOSTA	AUTOVALUTAZIONE	
			POSITIVA	NEGATIVA
B4. a)	....	....	☐	☐
B4. b)	....	....	☐	☐
B5. a)	PAOLO ☐ AVVOCATO ☐	PAOLO ☐ AVVOCATO ☐	☐	☐
B5. b)	PAOLO ☐ AVVOCATO ☐	PAOLO ☐ AVVOCATO ☐	☐	☐
B5. c)	PAOLO ☐ AVVOCATO ☐	PAOLO ☐ AVVOCATO ☐	☐	☐
B5. d)	PAOLO ☐ AVVOCATO ☐	PAOLO ☐ AVVOCATO ☐	☐	☐
B6. a)	....	....	☐	☐
B6. b)	....	....	☐	☐
B7. a)	VERO ☐ FALSO ☐	VERO ☐ FALSO ☐	☐	☐
B7. b)	VERO ☐ FALSO ☐	VERO ☐ FALSO ☐	☐	☐
B7. c)	VERO ☐ FALSO ☐	VERO ☐ FALSO ☐	☐	☐
B7. d)	VERO ☐ FALSO ☐	VERO ☐ FALSO ☐	☐	☐
B7. e)	VERO ☐ FALSO ☐	VERO ☐ FALSO ☐	☐	☐
B7. f)	VERO ☐ FALSO ☐	VERO ☐ FALSO ☐	☐	☐
B8.	A. ☐ B. ☐ C. ☐ D. ☐	A. ☐ B. ☐ C. ☐ D. ☐	☐	☐
B9. a)	CAUSALE ☐ FINALE ☐ TEMPORALE ☐ RELATIVA ☐	CAUSALE ☐ FINALE ☐ TEMPORALE ☐ RELATIVA ☐	☐	☐
B9. b)	CAUSALE ☐ FINALE ☐ TEMPORALE ☐ RELATIVA ☐	CAUSALE ☐ FINALE ☐ TEMPORALE ☐ RELATIVA ☐	☐	☐

DOMANDA	RISPOSTA CORRETTA	MIA RISPOSTA	AUTOVALUTAZIONE	
			POSITIVA	NEGATIVA
B10.	A. ☐ B. ☐ C. ☐ D. ☐	A. ☐ B. ☐ C. ☐ D. ☐	☐	☐
B11. a)	....	....	☐	☐
B11. b)	....	....	☐	☐
B11. c)	....	....	☐	☐
B11. d)	....	....	☐	☐
B11. e)	....	....	☐	☐

TOTALE RISPOSTE CORRETTE

TOTALE RISPOSTE SBAGLIATE/NON DATE

VALUTAZIONE DELL'INSEGNANTE	Competenza testuale ....
	Competenza grammaticale ....

PARTE PRIMA

Leggi il testo e poi rispondi alle domande.

Una stretta di mano

Albeggiava, ma nel quartiere della fabbrica la notte non se ne voleva andare. Era come se la terra stessa sputasse lampi, tuoni, fumo e polvere nera.

Gli uomini correvano per tutto l'accampamento, frastornati, storditi, consapevoli dell'ennesima, inaudita, micidiale nefandezza dei tedeschi.

Sorpresi dal bombardamento, Klimov e il vecchio Poljakov si precipitarono verso la terra di nessuno e i crateri scavati dalle bombe esplose alla fine di settembre. Nella stessa direzione correvano anche gli uomini del battaglione di Podčufarov che riuscivano a saltar fuori dalle trincee sconquassate.

La distanza fra le trincee russe e quelle tedesche era talmente risicata che l'offensiva nazista finì per colpire anche la prima linea amica, ferendo i soldati della divisione di testa che stavano avanzando.

Sembra il vento di Astrachan' quando strapazza il Volga in tempesta, pensò Poljakov. Finì a terra diverse volte; cadeva e non si ricordava più dov'era, quanti anni aveva, dove aveva la testa e dove i piedi. Klimov, però, continuava a spronarlo – Forza, dai – e alla fine si tuffarono entrambi in un cratere, scivolando fin sul fondo umido e vischioso. Laggiù il buio era triplice: il buio della notte, il buio del fumo e della polvere e il buio di una cava profonda.

Nella testa del giovane come in quella del vecchio, distesi uno accanto all'altro, brillava una luce: la voglia di vivere.

Quella serie ininterrotta di esplosioni era troppo violenta e intensa per durare a lungo. Ma il tempo passava e il frastuono non diminuiva; invece di diradarsi, la coltre nera di fumo si infittiva, stringendo sempre più la terra al cielo.

Klimov trovò tentoni la mano ruvida da operaio del vecchio volontario e la strinse; la stretta che si sentì restituire gli concesse qualche attimo di requie in quella tomba aperta. Una bomba caduta vicino fece piovere zolle di terra e macerie; Poljakov fu colpito alla schiena da frammenti di mattone. Quando, poi, le pareti del cratere crollarono, si sentirono mancare il fiato. La fossa in cui si erano dovuti infilare li avrebbe tenuti con sé per sempre: i tedeschi l'avrebbero prima riempita dal cielo e poi spianata.

Di solito Klimov non amava avere compagnia nelle sue ricognizioni, partiva sempre in fretta e furia, a notte fonda, come un nuotatore esperto e con i nervi saldi che ha fretta di staccarsi dallo scoglio e di nuotare verso le profondità cupe del mare. Dentro quel buco, però, era felice di avere con sé Poljakov.

Il tempo non seguiva più il suo corso regolare, era come impazzito, avanzava a strappi come un'onda d'urto e poi, di colpo, si fermava, soggiogato, sottomesso.

Gli uomini dentro la fossa alzarono la testa: la luce era fosca, il vento trascinava via polvere e fumo... La terra si era quietata, il muro di rumore si era infranto in singole esplosioni. Erano stremati, scossi, quasi avessero spremuto loro ogni forza vitale per lasciare solo l'angoscia.

Klimov si alzò in piedi, accanto a lui c'era un uomo coperto di polvere, sgualcito, che la guerra aveva masticato e sputato dal berretto agli stivali: un tedesco. Klimov non aveva paura dei tedeschi, era sicuro della propria forza, della propria prodigiosa capacità di premere il grilletto, lanciare granate, colpire con il calcio del fucile o il coltello un secondo prima del nemico.

In quegli attimi, invece, si sentì confuso, sgomento: sordo e accecato dalla polvere, aveva trovato conforto nella presenza di un tedesco e aveva scambiato la sua mano per quella di Poljakov. Si guardarono. Erano entrambi schiacciati dalla stessa forza ed entrambi incapaci di farle fronte, dato che, come risultava, quella forza non aveva scelto di difendere uno di loro, ma minacciava entrambi allo stesso modo.

Non fiatavano, i due abitanti della guerra. L'automatismo perfetto e infallibile «Uccidi!» di cui erano entrambi dotati, non scattò.

Seduto poco più in là, anche Poljakov osservava il tedesco con la barba incolta. E per quanto non amasse tenere la bocca chiusa, non fiatava nemmeno lui.

Strisciarono insieme fuori dalla fossa, neanche si fossero messi d'accordo, e insieme offrirono schiena e nuca agli spari, convinti, anzi certissimi di essere fuori pericolo. Klimov e il tedesco raggiunsero la superficie e controllarono entrambi, uno a est, l'altro a ovest, se un superiore li avesse visti uscire dalla stessa fossa senza colpo ferire. Poi ognuno prese per la propria trincea senza uno sguardo, senza un *adieu*, su e giù per la terra arata dalle bombe e ancora fumante.

(Tratto da: Vasilij Grossman, *Vita e destino*, Adelphi)

A1. L'episodio narrato si svolge nel corso di

A. ☐ un'intera notte

B. ☐ qualche ora, in piena notte

C. ☐ qualche ora, verso mattina

D. ☐ una notte e un giorno

A2. Dove ha luogo questa vicenda? Rispondi con le parole del testo.

Nel ....

A3. **Anche se non lo si dice esplicitamente, è evidente che la vicenda si svolge nel corso della Seconda guerra mondiale.**
Ci sono due indizi che lo confermano, nelle prime 11 righe.
Trascrivili con le parole del testo.

a) ....

b) ....

A4. **Chi sono Klimov e Poljakov? Completa.**

Due ....

A5. **Il termine "nefandezza" (riga 4) significa**

A. ☐ contrapposizione
B. ☐ atrocità
C. ☐ vergogna
D. ☐ impresa

A6. **Dal testo si può intuire che l'attacco tedesco**

A. ☐ ha colto all'improvviso gli uomini nelle trincee
B. ☐ era stato pianificato ed era atteso da giorni
C. ☐ proseguiva dalla fine di settembre
D. ☐ non coglie di sorpresa gli uomini nelle trincee

A7. **La separazione tra le trincee nemiche era così stretta che l'assalto nazista produce vittime anche tra i soldati tedeschi. Di quali espressioni si serve l'autore per spiegare questo fatto? Individua la frase e trascrivila.**

....

....

....

A8. Quali tra le seguenti corrispondono alle caratteristiche della scena descritta nella prima parte del testo?

Metti una crocetta per ogni riga.

	VERO	FALSO
a) è piena notte e ci sono tuoni e lampi	☐	☐
b) la terra è costellata di crateri scavati dalle bombe	☐	☐
c) c'è molto fumo e frastuono delle esplosioni	☐	☐
d) nel cratere il buio è fittissimo, totale	☐	☐
e) la serie di esplosioni è intensa ma non dura a lungo	☐	☐

A9. Nell'episodio si parla di buio ma anche di luce (righe 16-19). Rispondi con le parole del testo.

a) Com'è il buio nel cratere?

....

....

b) Che cosa rappresenta la luce?

....

A10. Il termine "requie" (riga 24) si potrebbe sostituire con

A. ☐ calore

B. ☐ forza

C. ☐ sollievo

D. ☐ riposo

A11. Nel testo sono usate due espressioni significative come sinonimi del "cratere" in cui sono rifugiati i soldati (righe 23-29). Individuale e trascrivile.

a) ....

b) ....

A12. Che cosa prova Klimov mentre stringe quella mano? Com'è, invece, quando si rende conto di ciò che è realmente accaduto?

a) Mentre stringe la mano: ....

b) Quando si rende conto: ....

A13. Che cosa significa l'espressione "un uomo... che la guerra aveva masticato e sputato dal berretto agli stivali" (riga 41)?

A. ☐ Il berretto e gli stivali del soldato tedesco sono stati rovinati dalla guerra

B. ☐ L'uomo è un soldato tedesco con vestiti militari dal berretto agli stivali

C. ☐ La guerra ha rovinato i vestiti del soldato tedesco dalla testa ai piedi

D. ☐ La guerra ha distrutto nell'aspetto e nel profondo il soldato tedesco

---

A14. Klimov, quando scopre che la mano che ha stretto è quella di un tedesco, non lo uccide. Per quale motivo?

A. ☐ Neanche il tedesco mostra di voler uccidere Klimov

B. ☐ Inconsapevolmente ha trovato conforto nella stretta della sua mano

C. ☐ Vede che anche Poljakov osserva il tedesco e non è in grado di dire nulla

D. ☐ È confuso, capisce che stanno condividendo gli orrori della guerra

---

A15. Uscendo dal cratere, Klimov e il tedesco controllano di non essere stati visti da un superiore. Per quale motivo?

A. ☐ Sarebbero stati puniti per non aver partecipato ai bombardamenti

B. ☐ Non vogliono far sapere di aver condiviso lo stesso rifugio

C. ☐ Sarebbero stati puniti per non aver ucciso il nemico

D. ☐ Essendo nemici non avrebbero dovuto condividere la fossa

A16. Il linguaggio usato dall'autore è fortemente connotativo. Identifica la tecnica narrativa o la figura retorica di ciascuna delle frasi seguenti.

FRASI DEL TESTO	METAFORA	SIMILITUDINE	PERSONIFICAZIONE
a) Il tempo era come impazzito... avanzava a strappi... di colpo si fermava	☐	☐	☐
b) i due abitanti della guerra	☐	☐	☐
c) come un nuotatore esperto e con i nervi saldi che ha fretta di staccarsi dallo scoglio e di nuotare...	☐	☐	☐
d) la terra arata dalle bombe	☐	☐	☐

A17. L'autore con questo testo vuole

A. ☐ raccontare un episodio di umanità che ci fa cogliere tutta l'assurdità della guerra

B. ☐ descrivere in modo realistico le atrocità della guerra e suscitare orrore nei lettori

C. ☐ mostrare come, nonostante la guerra, gli uomini sappiano sempre trovare momenti di felicità

D. ☐ documentare lo svolgimento di fatti di guerra attraverso la testimonianza dei protagonisti

---

A18. Alla luce di quanto hai letto, spiega brevemente il titolo del brano.

....

....

....

....

PROVA 3
PARTE SECONDA

GRAMMATICA

B1. Indica la funzione della parola "come" nelle frasi date nella tabella.
Metti una crocetta per ogni riga.

	AVVERBIO INTERROGATIVO	AVVERBIO COMPARATIVO	CONGIUNZIONE TEMPORALE
a) Come lo vide, cessò di sparare	☐	☐	☐
b) Quel giorno, come si temeva, non vi fu pace	☐	☐	☐
c) Come si potrebbe dimenticare un episodio simile?	☐	☐	☐

B2. Nella frase «Fu il momento culminante di quella che passerà alla storia come tregua di Natale» cambia la forma verbale "passerà" usando il condizionale passato.

....

B3. Nella frase "Si vide la cosa più straordinaria che si possa vedere" l'aggettivo è usato al grado

A. ☐ comparativo di maggioranza
B. ☐ superlativo relativo
C. ☐ superlativo assoluto
D. ☐ comparativo di uguaglianza

B4. Nella frase "Le porte furono segnate da pile di giacche e giubbotti"

a) il verbo è di

A. ☐ forma attiva
B. ☐ forma passiva

b) Riscrivi la frase, trasformandola nella forma che hai escluso in precedenza.

....

B5. Indica la funzione sintattica (soggetto, complemento...) delle parole sottolineate nelle seguenti frasi.

a) Molti lo paragonano a un miracolo ....

b) In una trincea qualcuno intonò una canzone ....

c) Partì un'operazione di censura di qualsiasi notizia ....

d) Dalla trincea tedesca uscì un uomo ....

B6. In quale frase il verbo "essere" è predicato verbale?

A. ☐ Tedeschi e russi erano sprofondati nelle trincee

B. ☐ Tedeschi e russi furono amici per un breve momento

C. ☐ Tedeschi e russi erano nel quartiere della fabbrica

D. ☐ Tedeschi e russi erano usciti dalle trincee

B7. Nel periodo "Per quanto non amasse tenere la bocca chiusa, non fiatava nemmeno lui" è presente una subordinata

A. ☐ finale

B. ☐ concessiva

C. ☐ consecutiva

D. ☐ causale

B8. Leggi il periodo "Bertie era l'ultimo reduce ancora in vita ad aver preso parte a quella partita di calcio".

a) Trascrivi la proposizione implicita:

....

b) Trasforma l'implicita in esplicita:

....

B9. **Leggi il seguente periodo:**

"Gli alti comandi, per evitare che i soldati familiarizzassero con il nemico, decisero di spostarli a turno in diverse zone del fronte".

Identifica le frasi subordinate che formano il periodo e riscrivile nello schema, una per ogni casella, tenendo conto delle loro relazioni.
Nella prima casella inserisci la principale.

a) ....

b) ....

c) ....

d) ....

B10. **Leggi con attenzione la voce seguente, tratta da un dizionario. Poi, per ognuna delle affermazioni in tabella, indica se è vera o falsa.**

Metti una crocetta per ogni riga.

> **guerra** [**guèr-ra**] s.f. 1 Lotta tra stati o all'interno di uno stato, condotta con le armi, con o senza l'osservanza delle convenzioni del diritto internazionale in materia. SIN conflitto ETIM **werra* "litigio, mischia". Il termine germanico sostituisce il lat. *bellum*, continuato in voci dotte come *bellico, belligerante* ecc., in seguito all'affermarsi del disordinato modo di combattere dei Germani rispetto al rigoroso schieramento romano
> • sec. XIII

AFFERMAZIONI	VERO	FALSO
a) La parola guerra ha tre sillabe	☐	☐
b) L'accento cade sulla penultima sillaba	☐	☐
c) Deriva dalle lingue parlate dai popoli germanici	☐	☐
d) È una parola invariabile	☐	☐
e) L'aggettivo *bellico* deriva da una parola latina che significa "bello"	☐	☐

GRIGLIA DI AUTOCORREZIONE DELLA **PROVA 3**

PARTE PRIMA Vasilij Grossman ▪ **Una stretta di mano**

DOMANDA	RISPOSTA CORRETTA	MIA RISPOSTA	AUTOVALUTAZIONE	
			POSITIVA	NEGATIVA
A1.	A. ☐ B. ☐ C. ☐ D. ☐	A. ☐ B. ☐ C. ☐ D. ☐	☐	☐
A2.	....	....	☐	☐
A3. a)	....	....	☐	☐
A3. b)	....	....	☐	☐
A4.	....	....	☐	☐
A5.	A. ☐ B. ☐ C. ☐ D. ☐	A. ☐ B. ☐ C. ☐ D. ☐	☐	☐
A6.	A. ☐ B. ☐ C. ☐ D. ☐	A. ☐ B. ☐ C. ☐ D. ☐	☐	☐
A7.	....	....	☐	☐
A8. a)	VERO ☐ FALSO ☐	VERO ☐ FALSO ☐	☐	☐
A8. b)	VERO ☐ FALSO ☐	VERO ☐ FALSO ☐	☐	☐
A8. c)	VERO ☐ FALSO ☐	VERO ☐ FALSO ☐	☐	☐
A8. d)	VERO ☐ FALSO ☐	VERO ☐ FALSO ☐	☐	☐
A8. e)	VERO ☐ FALSO ☐	VERO ☐ FALSO ☐	☐	☐
A9. a)	....	....	☐	☐
A9. b)	....	....	☐	☐

DOMANDA	RISPOSTA CORRETTA	MIA RISPOSTA	AUTOVALUTAZIONE	
			POSITIVA	NEGATIVA
A10.	A. ☐ B. ☐ C. ☐ D. ☐	A. ☐ B. ☐ C. ☐ D. ☐	☐	☐
A11. a)	....	....	☐	☐
A11. b)	....	....	☐	☐
A12. a)	....	....	☐	☐
A12. b)	....	....	☐	☐
A13.	A. ☐ B. ☐ C. ☐ D. ☐	A. ☐ B. ☐ C. ☐ D. ☐	☐	☐
A14.	A. ☐ B. ☐ C. ☐ D. ☐	A. ☐ B. ☐ C. ☐ D. ☐	☐	☐
A15.	A. ☐ B. ☐ C. ☐ D. ☐	A. ☐ B. ☐ C. ☐ D. ☐	☐	☐
A16. a)	METAFORA ☐ SIMILITUDINE ☐ PERSONIFICAZIONE ☐	METAFORA ☐ SIMILITUDINE ☐ PERSONIFICAZIONE ☐	☐	☐
A16. b)	METAFORA ☐ SIMILITUDINE ☐ PERSONIFICAZIONE ☐	METAFORA ☐ SIMILITUDINE ☐ PERSONIFICAZIONE ☐	☐	☐
A16. c)	METAFORA ☐ SIMILITUDINE ☐ PERSONIFICAZIONE ☐	METAFORA ☐ SIMILITUDINE ☐ PERSONIFICAZIONE ☐	☐	☐
A16. d)	METAFORA ☐ SIMILITUDINE ☐ PERSONIFICAZIONE ☐	METAFORA ☐ SIMILITUDINE ☐ PERSONIFICAZIONE ☐	☐	☐
A17.	A. ☐ B. ☐ C. ☐ D. ☐	A. ☐ B. ☐ C. ☐ D. ☐	☐	☐
A18.	....	....	☐	☐

TOTALE RISPOSTE CORRETTE ☐

TOTALE RISPOSTE SBAGLIATE/NON DATE ☐

PARTE SECONDA **Grammatica**

DOMANDA	RISPOSTA CORRETTA	MIA RISPOSTA	AUTOVALUTAZIONE	
			POSITIVA	NEGATIVA
B1. a)	AVVERBIO INTERROGATIVO ☐ AVVERBIO COMPARATIVO ☐ CONGIUNZIONE TEMPORALE ☐	AVVERBIO INTERROGATIVO ☐ AVVERBIO COMPARATIVO ☐ CONGIUNZIONE TEMPORALE ☐	☐	☐
B1. b)	AVVERBIO INTERROGATIVO ☐ AVVERBIO COMPARATIVO ☐ CONGIUNZIONE TEMPORALE ☐	AVVERBIO INTERROGATIVO ☐ AVVERBIO COMPARATIVO ☐ CONGIUNZIONE TEMPORALE ☐	☐	☐
B1. c)	AVVERBIO INTERROGATIVO ☐ AVVERBIO COMPARATIVO ☐ CONGIUNZIONE TEMPORALE ☐	AVVERBIO INTERROGATIVO ☐ AVVERBIO COMPARATIVO ☐ CONGIUNZIONE TEMPORALE ☐	☐	☐
B2.	....	....	☐	☐
B3.	A. ☐ B. ☐ C. ☐ D. ☐	A. ☐ B. ☐ C. ☐ D. ☐	☐	☐
B4. a)	A. ☐ B. ☐	A. ☐ B. ☐	☐	☐
B4. b)	....	....	☐	☐
B5. a)	....	....	☐	☐
B5. b)	....	....	☐	☐
B5. c)	....	....	☐	☐
B5. d)	....	....	☐	☐
B6.	A. ☐ B. ☐ C. ☐ D. ☐	A. ☐ B. ☐ C. ☐ D. ☐	☐	☐
B7.	A. ☐ B. ☐ C. ☐ D. ☐	A. ☐ B. ☐ C. ☐ D. ☐	☐	☐
B8. a)	....	....	☐	☐
B8. b)	....	....	☐	☐

DOMANDA	RISPOSTA CORRETTA	MIA RISPOSTA	AUTOVALUTAZIONE	
			POSITIVA	NEGATIVA
B9.	a) .... b) .... c) .... d)	a) .... b) .... c) .... d)	☐	☐
B10. a)	VERO ☐ FALSO ☐	VERO ☐ FALSO ☐	☐	☐
B10. b)	VERO ☐ FALSO ☐	VERO ☐ FALSO ☐	☐	☐
B10. c)	VERO ☐ FALSO ☐	VERO ☐ FALSO ☐	☐	☐
B10. d)	VERO ☐ FALSO ☐	VERO ☐ FALSO ☐	☐	☐
B10. e)	VERO ☐ FALSO ☐	VERO ☐ FALSO ☐	☐	☐

TOTALE RISPOSTE CORRETTE

TOTALE RISPOSTE SBAGLIATE/NON DATE

VALUTAZIONE DELL'INSEGNANTE	
	Competenza testuale ....
	Competenza grammaticale ....

PARTE PRIMA

Leggi il testo e poi rispondi alle domande.

Piovono bombe dallo spazio

Ventisei impatti dal 2001. Asteroidi caduti sulla terra, quasi all'improvviso. Bisogna imparare a prevederli.

Per controllare che nessuno faccia più test di ordigni nucleari, su tutta la superficie della Terra – come prevede il *Comprehensive Nuclear-Test-Ban Treaty* (CTBT) – è stata distribuita una rete di rilevatori sensibili alle esplosioni dal kiloton (mille tonnellate di tritolo) in su. Il Trattato non è stato ancora ratificato da diverse nazioni (Stati Uniti, Cina, Israele, Corea del Nord), ma la maggioranza ha aderito e una organizzazione specifica – politicamente condotta da un gruppo di una ventina di personalità, tra le quali il ministro degli Esteri italiano – fa comunque le verifiche. E tecnicamente funziona già benissimo: rivela terremoti, tsunami e ogni forma di improvviso e importante rilascio di energia sulla Terra. Finora, nessuna bomba esplosa di nascosto.

Dal 2001 a oggi, però, ha prodotto un risultato inatteso: ha rivelato 26 eventi "multikilotoni", distribuiti uniformemente nello spazio e nel tempo. Non sono bombe, sono impatti di asteroidi del diametro da qualche metro in su.

Fin qui, niente di anormale: viene depositata molto rapidamente l'energia cinetica di una massa di migliaia di tonnellate che viaggia a decine di kilometri al secondo: il multikilotone ci sta. Ma quel che colpisce, prima di tutto, è il numero degli eventi osservati: 26, mentre ce ne aspettavamo tra tre e dieci. In secondo luogo è importante il fatto che soltanto uno tra i 26 asteroidi precipitati era stato precedentemente osservato quando ancora era lontano dalla Terra e ne era stato calcolato con precisione il punto di impatto, che doveva avvenire, e per fortuna è avvenuto, in un deserto africano. Certo, la maggioranza dei bolidi è caduta in mare, ma è vero che ciascuno dei 26 avrebbe potuto, più o meno, distruggere una città e nessuno lo avrebbe saputo prima della catastrofe.

E meno male che sulla Terra c'è l'atmosfera. Ci serve per respirare, per tener caldo il pianeta e liquida l'acqua in superficie. Ma serve anche ad attutire, e spesso assorbire, gli impatti sulla Terra di ciò che cade dal sistema solare, sia polvere interplanetaria sia pezzi di pianeti mai nati: gli asteroidi, appunto. L'ultimo, quello caduto nel 2013 in Russia, fece pochi danni proprio perché esplose nell'atmosfera, per fortuna a una quota abbastanza elevata.

C'è una lezione, ovvia, che viene dall'uso "astronomico" dei dati di controllo dei test nucleari: dobbiamo imparare a trovare e prevedere meglio gli oggetti celesti pericolosi e le loro orbite di impatto. Non si può aprire l'ombrello all'ultimo momento, sarebbe meglio sapere il dove e il quando dell'evento. Con osservazioni astronomiche da terra e dallo spazio il problema è alla nostra portata. Proviamoci.

Ma l'esplorazione spaziale degli asteroidi potrebbe avere importanza sul futuro dell'economia del pianeta, se riuscissimo a esplorare, e magari a sfruttare, gli oggetti più interessanti. Ricordiamo che le miniere terrestri di minerali pesanti (tipo oro) sono localizzate nei punti di caduta di asteroidi, anche antichi. Solo così noi terrestri possiamo avere accesso a quegli elementi che, pur presenti nella Terra alla sua nascita, sono affondati a profondità irraggiungibili nel corso di miliardi di anni. Sarebbe bello andarli a cercare all'origine, sparsi nei pezzi di pianeti che non sono riusciti ad aggregarsi.

(Tratto da: Giovanni Bignami*, in «Scienze», «l'Espresso», maggio 2014)

* Giovanni Bignami è presidente dell'Istituto Nazionale di Astrofisica

Dieci anni vissuti pericolosamente

Sono centinaia i frammenti di asteroide (meteoriti) che precipitano ogni anno sul nostro pianeta. E se spesso si tratta di pietre di piccole dimensioni, che atterrano lontane da insediamenti umani, esempi come quello russo non sono poi così rari. Ecco alcuni degli impatti principali degli ultimi anni.

26 maggio 2003

Una fitta pioggia di meteoriti colpisce la cittadina di Park Forest, nei pressi di Chicago, **USA**. Danneggiati tetti, finestre e automobili, no feriti.

27 settembre 2003

Una gigantesca palla di fuoco illumina il cielo del distretto di Mayurbhanj, in **INDIA**. Asteroide di circa un metro di diametro, colpisce l'atmosfera terrestre disintegrandosi. Provoca una pioggia di meteoriti, danneggia alcune abitazioni.

12 giugno 2004

Meteorite di circa un chilo e mezzo sfonda il tetto di una casa nell'area residenziale di Ellerslie in **NUOVA ZELANDA**, rimbalza su un divano e devasta il soggiorno.

15 settembre 2007

Un meteorite precipita nei pressi del villaggio di Carancas, in **PERÚ**. Produce un cratere di 13 metri e mezzo di diametro che presto si riempie di acqua bollente.

6 ottobre 2008

Asteroide di 4 metri e oltre 80 tonnellate di peso entra nell'atmosfera terrestre e precipita nel deserto della Nubia, nel nord del **SUDAN**.

15 febbraio 2013

Asteroide di oltre 10 mila tonnellate entra nell'atmosfera terrestre sopra i cieli dell'Alaska, a una velocità di quasi 70 mila chilometri orari, poi esplode sopra la cittadina di Chelyabinsk, in **RUSSIA**. Danni ai veicoli e alle case. Oltre mille feriti, la maggior parte a causa dei vetri delle finestre andate in pezzi.

A1. **Il Trattato CTBT è nato per fare in modo che**

A. ☐ non vi siano verifiche di armi nucleari al di sopra delle mille tonnellate

B. ☐ nessuno faccia esplodere armi nucleari al di sotto delle mille tonnellate

C. ☐ nessuno possa verificare il funzionamento di armi nucleari sulla Terra

D. ☐ nessuno organizzi la costruzione di armi nucleari sulla Terra

---

A2. **Il termine "ratificato" (riga 4) significa**

A. ☐ fissato e concordato

B. ☐ approvato e firmato

C. ☐ scritto e concordato

D. ☐ scritto e letto

A3. **Alla data in cui è stato scritto l'articolo, la rete di rilevatori ha funzionato bene, per due motivi. Completa usando, se vuoi, le parole del testo (primo capoverso).**

a) Ha rivelato ....

....

b) Ha rassicurato sul fatto che ....

....

A4. **I 26 eventi "multikilotoni" (righe 11-12) sono**

A. ☐ 26 esplosioni superiori a mille tonnellate di tritolo

B. ☐ 26 oggetti non identificati distribuiti nel tempo e nello spazio

C. ☐ 26 impatti di asteroidi con diametro superiore al metro

D. ☐ 26 oggetti di grande massa e dall'impatto distruttivo

A5. **All'inizio del terzo capoverso, per confermare che è normale che la massa e la velocità degli asteroidi sviluppino un'energia di molti kilotoni, l'autore usa un'espressione colloquiale. Quale? Trascrivila.**

....

A6. Nella frase

«... quel che colpisce, prima di tutto, è il numero degli eventi osservati: 26, mentre ce ne aspettavamo tra tre e dieci» (righe 16-17).

a quale parola si riferisce il "ne"?

....

A7. Quanti, tra gli oggetti precipitati, erano stati precedentemente osservati?

A. ☐ tre

B. ☐ uno

C. ☐ dieci

D. ☐ ventisei

A8. Nelle righe 17-23, quale sostantivo viene usato come sinonimo di "asteroidi"?

....

A9. Nel quarto capoverso l'autore spiega alcune caratteristiche dell'atmosfera terrestre. Indica gli aspetti per cui l'atmosfera risulta utile.

Metti una crocetta per ogni riga.

L'ATMOSFERA È UTILE PER...	SÌ	NO
a) consentire la respirazione degli esseri viventi	☐	☐
b) regolare la temperatura del pianeta	☐	☐
c) distruggere gli oggetti provenienti dallo spazio	☐	☐
d) assorbire l'impatto degli oggetti provenienti dallo spazio	☐	☐
e) impedire lo scioglimento dei ghiacci	☐	☐

A10. Nelle righe 30-33, con quali termini del linguaggio scientifico vengono denominate le traiettorie degli oggetti celesti diretti verso la Terra?

....

A11. Con la frase "Non si può aprire l'ombrello all'ultimo momento" (righe 32-33) l'autore vuole ribadire che

A. ☐ è preferibile studiare gli asteroidi senza lasciarli avvicinare alla Terra

B. ☐ bisogna predisporsi all'impatto con misure studiate in precedenza

C. ☐ gli asteroidi sono talmente enormi che un ombrello non basta

D. ☐ è impossibile ripararsi dagli asteroidi come si fa con un temporale

---

A12. Nell'ultima parte del testo l'autore afferma che per l'economia potrebbe rivelarsi interessante

A. ☐ l'esplorazione delle miniere di oro

B. ☐ la ricerca dei frammenti di oro

C. ☐ la ricerca dei frammenti di asteroidi

D. ☐ l'esplorazione spaziale degli asteroidi

A13. Per il titolo del riquadro che accompagna il testo, è stato scelto un linguaggio

A. ☐ di tipo scientifico, perché è indirizzato agli studiosi del settore

B. ☐ di tipo neutro, per non anticipare il contenuto del testo

C. ☐ coerente con il titolo principale, sono entrambi "a effetto"

D. ☐ in contrasto con il titolo principale, per incuriosire maggiormente

---

A14. Quali informazioni possiamo ricavare dal riquadro sui meteoriti?

Metti una crocetta per ogni riga.

INFORMAZIONI	VERO	FALSO
a) Ogni anno più di cento meteoriti precipitano sulla Terra	☐	☐
b) Gli asteroidi non cadono mai su insediamenti umani	☐	☐
c) Gli esempi riguardano tutti i continenti	☐	☐
d) Diversi sono gli esempi di abitazioni danneggiate, ma solo in uno si parla di feriti	☐	☐
e) Il cratere dell'asteroide caduto sulla Russia è pieno di acqua bollente	☐	☐

A15. Lo stile del testo nel suo insieme è

A. ☐ scientifico

B. ☐ divulgativo

C. ☐ narrativo

D. ☐ descrittivo

A16. Rispetto all'argomento di cui tratta nell'articolo, l'autore

A. ☐ rimane neutrale, infatti ....

....

....

....

B. ☐ partecipa e commenta, infatti ....

....

....

....

Indica e motiva la tua scelta (puoi anche trascrivere una frase del testo che ti ha aiutato a rispondere).

PROVA 4
PARTE SECONDA

GRAMMATICA

B1. Nella frase

"Secondo le prime informazioni, l'asteroide non avrebbe provocato danni alle persone",

il verbo indica

A. ☐ un'azione certa

B. ☐ un'azione futura

C. ☐ un'azione improbabile

D. ☐ un'azione possibile

B2. Quali sono i modi dei verbi presenti nella seguente frase?

"L'esplorazione spaziale degli asteroidi potrebbe avere importanza sul futuro dell'economia del pianeta, se riuscissimo a esplorare gli oggetti più interessanti".

A. ☐ condizionale, indicativo, congiuntivo, infinito

B. ☐ condizionale, infinito, congiuntivo, infinito

C. ☐ condizionale, infinito, congiuntivo, indicativo

D. ☐ condizionale, participio, congiuntivo, infinito

B3. Se tu non conoscessi il significato di tre verbi presenti nel testo, quali voci andresti a cercare nel dizionario? Scrivile.

a) ha prodotto ....

b) esplose ....

c) sparsi ....

B4. Nella frase

"Con osservazioni astronomiche da terra e dallo spazio il problema è alla nostra portata" è presente un

A. ☐ complemento di mezzo

B. ☐ complemento di causa

C. ☐ complemento di modo

D. ☐ complemento di luogo

B5. Nel periodo

"L'ultimo asteroide, caduto nel 2013 in Russia, fece pochi danni"

la subordinata implicita sottolineata è

A. ☐ relativa
B. ☐ temporale
C. ☐ consecutiva
D. ☐ finale

B6. Scrivi il soggetto della seguente frase:

"... su tutta la superficie della Terra è stata distribuita una rete di rilevatori sensibili alle esplosioni dal kiloton in su".

Il soggetto è ....

B7. Indica in quali dei seguenti aggettivi a- è un prefisso con valore negativo e in quali non lo è.

Metti una crocetta per ogni riga.

AGGETTIVO	*a-* È UN PREFISSO CON VALORE NEGATIVO	*a-* NON È UN PREFISSO CON VALORE NEGATIVO
a) anormale	☐	☐
b) abituale	☐	☐
c) atipico	☐	☐
d) accurato	☐	☐
e) adattato	☐	☐
f) amareggiato	☐	☐
g) atomico	☐	☐

B8. Riscrivi correttamente le seguenti frasi: separa le parole, aggiungi maiuscole, accenti e apostrofi dove occorrono.

ilbabboavevaunastranaespressionenegliocchi. erafattadunaluceforte, dunaspeciedisollievo, unespressionechedavaallerugheprofonde intornoagliocchiunariaridente. ilbabboacceleroландaturadelveicolo.

....

....

....

B9. Quale dei seguenti periodi corrisponde allo schema proposto?

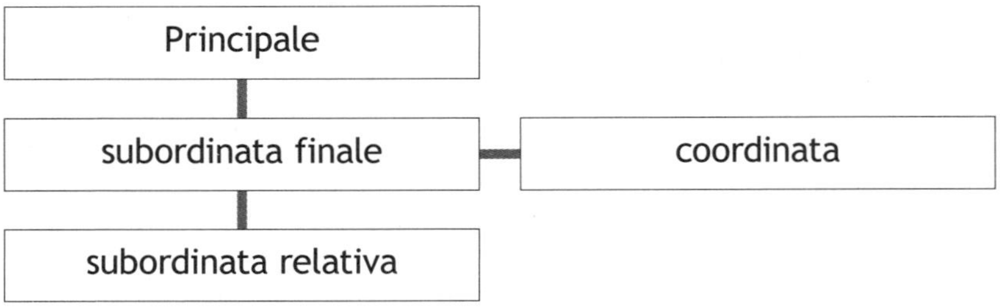

A. ☐ L'atmosfera serve ad attutire, e spesso assorbire, gli impatti sulla Terra di ciò che cade dal sistema solare

B. ☐ L'atmosfera ci serve per respirare, per tener caldo il pianeta e liquida l'acqua in superficie

C. ☐ Sarebbe bello andarli a cercare all'origine, sparsi nei pezzi di pianeti che non sono riusciti ad aggregarsi

D. ☐ Sono centinaia i frammenti di asteroide (meteoriti) che precipitano ogni anno sul nostro pianeta

---

B10. Leggi la seguente frase.

"L'astronomo disse: - Domani ci sarà sicuramente un impatto".

Qual è la corretta trasformazione dal discorso diretto in discorso indiretto?

A. ☐ L'astronomo disse che domani ci sarebbe stato sicuramente un impatto

B. ☐ L'astronomo disse che il giorno dopo ci sarebbe stato sicuramente un impatto

C. ☐ L'astronomo disse che il giorno dopo ci sarà sicuramente un impatto

D. ☐ L'astronomo disse che domani c'era sicuramente un impatto

GRIGLIA DI AUTOCORREZIONE DELLA **PROVA 4**

PARTE PRIMA Giovanni Bignami ▪ **Piovono bombe dallo spazio**

DOMANDA	RISPOSTA CORRETTA	MIA RISPOSTA	AUTOVALUTAZIONE	
			POSITIVA	NEGATIVA
A1.	A. ☐ B. ☐ C. ☐ D. ☐	A. ☐ B. ☐ C. ☐ D. ☐	☐	☐
A2.	A. ☐ B. ☐ C. ☐ D. ☐	A. ☐ B. ☐ C. ☐ D. ☐	☐	☐
A3. a)	....	....	☐	☐
A3. b)	....	....	☐	☐
A4.	A. ☐ B. ☐ C. ☐ D. ☐	A. ☐ B. ☐ C. ☐ D. ☐	☐	☐
A5.	....	....	☐	☐
A6.	....	....	☐	☐
A7.	A. ☐ B. ☐ C. ☐ D. ☐	A. ☐ B. ☐ C. ☐ D. ☐	☐	☐
A8.	....	....	☐	☐
A9. a)	SÌ ☐ NO ☐	SÌ ☐ NO ☐	☐	☐
A9. b)	SÌ ☐ NO ☐	SÌ ☐ NO ☐	☐	☐
A9. c)	SÌ ☐ NO ☐	SÌ ☐ NO ☐	☐	☐
A9. d)	SÌ ☐ NO ☐	SÌ ☐ NO ☐	☐	☐
A9. e)	SÌ ☐ NO ☐	SÌ ☐ NO ☐	☐	☐
A10.	....	....	☐	☐
A11.	A. ☐ B. ☐ C. ☐ D. ☐	A. ☐ B. ☐ C. ☐ D. ☐	☐	☐
A12.	A. ☐ B. ☐ C. ☐ D. ☐	A. ☐ B. ☐ C. ☐ D. ☐	☐	☐
A13.	A. ☐ B. ☐ C. ☐ D. ☐	A. ☐ B. ☐ C. ☐ D. ☐	☐	☐

DOMANDA	RISPOSTA CORRETTA	MIA RISPOSTA	AUTOVALUTAZIONE	
			POSITIVA	NEGATIVA
A14. a)	VERO ☐ FALSO ☐	VERO ☐ FALSO ☐	☐	☐
A14. b)	VERO ☐ FALSO ☐	VERO ☐ FALSO ☐	☐	☐
A14. c)	VERO ☐ FALSO ☐	VERO ☐ FALSO ☐	☐	☐
A14. d)	VERO ☐ FALSO ☐	VERO ☐ FALSO ☐	☐	☐
A14. e)	VERO ☐ FALSO ☐	VERO ☐ FALSO ☐	☐	☐
A15.	A. ☐ B. ☐ C. ☐ D. ☐	A. ☐ B. ☐ C. ☐ D. ☐	☐	☐
A16.	A. ☐ B. ☐	A. ☐ B. ☐	☐	☐

TOTALE RISPOSTE CORRETTE

TOTALE RISPOSTE SBAGLIATE/NON DATE

PARTE SECONDA **Grammatica**

DOMANDA	RISPOSTA CORRETTA	MIA RISPOSTA	AUTOVALUTAZIONE	
			POSITIVA	NEGATIVA
B1.	A. ☐ B. ☐ C. ☐ D. ☐	A. ☐ B. ☐ C. ☐ D. ☐	☐	☐
B2.	A. ☐ B. ☐ C. ☐ D. ☐	A. ☐ B. ☐ C. ☐ D. ☐	☐	☐
B3. a)	.....	.....	☐	☐
B3. b)	.....	.....	☐	☐
B3. c)	.....	.....	☐	☐
B4.	A. ☐ B. ☐ C. ☐ D. ☐	A. ☐ B. ☐ C. ☐ D. ☐	☐	☐
B5.	A. ☐ B. ☐ C. ☐ D. ☐	A. ☐ B. ☐ C. ☐ D. ☐	☐	☐
B6.	.....	.....	☐	☐

DOMANDA	RISPOSTA CORRETTA	MIA RISPOSTA	AUTOVALUTAZIONE	
			POSITIVA	NEGATIVA
B7. a)	*a*- È UN PREFISSO... ☐ *a*- NON È UN PREFISSO... ☐	*a*- È UN PREFISSO... ☐ *a*- NON È UN PREFISSO... ☐	☐	☐
B7. b)	*a*- È UN PREFISSO... ☐ *a*- NON È UN PREFISSO... ☐	*a*- È UN PREFISSO... ☐ *a*- NON È UN PREFISSO... ☐	☐	☐
B7. c)	*a*- È UN PREFISSO... ☐ *a*- NON È UN PREFISSO... ☐	*a*- È UN PREFISSO... ☐ *a*- NON È UN PREFISSO... ☐	☐	☐
B7. d)	*a*- È UN PREFISSO... ☐ *a*- NON È UN PREFISSO... ☐	*a*- È UN PREFISSO... ☐ *a*- NON È UN PREFISSO... ☐	☐	☐
B7. e)	*a*- È UN PREFISSO... ☐ *a*- NON È UN PREFISSO... ☐	*a*- È UN PREFISSO... ☐ *a*- NON È UN PREFISSO... ☐	☐	☐
B7. f)	*a*- È UN PREFISSO... ☐ *a*- NON È UN PREFISSO... ☐	*a*- È UN PREFISSO... ☐ *a*- NON È UN PREFISSO... ☐	☐	☐
B7. g)	*a*- È UN PREFISSO... ☐ *a*- NON È UN PREFISSO... ☐	*a*- È UN PREFISSO... ☐ *a*- NON È UN PREFISSO... ☐	☐	☐
B8.	....	....	☐	☐
B9.	A. ☐ B. ☐ C. ☐ D. ☐	A. ☐ B. ☐ C. ☐ D. ☐	☐	☐
B10.	A. ☐ B. ☐ C. ☐ D. ☐	A. ☐ B. ☐ C. ☐ D. ☐	☐	☐

TOTALE RISPOSTE CORRETTE

TOTALE RISPOSTE SBAGLIATE/NON DATE

VALUTAZIONE DELL'INSEGNANTE	Competenza testuale .... Competenza grammaticale ....

PROVE INTERMEDIE **PROVA 5**

PARTE PRIMA

Leggi il testo e poi rispondi alle domande.

Allarme globale: obesità da record

Sempre più grassi, uomini, donne e bambini, in tutto il mondo. E poco altro da aggiungere, se non i numeri di un allarme globale.

È il risultato di uno studio senza precedenti pubblicato sull'ultimo numero della rivista medica «Lancet», che ha analizzato i dati provenienti da 188 Paesi del pianeta negli ultimi trent'anni e ha registrato un aumento del numero delle persone obese e sovrappeso da 857 milioni nel 1980 a 2,1 miliardi nel 2013. Cioè, oggi, a essere troppo grasso è quasi un abitante della Terra su tre. Non solo nei Paesi sviluppati ma anche in quelli emergenti.

In nessun Paese le campagne di prevenzione hanno funzionato, osservano i ricercatori, e quindi «l'obesità è diventata una delle sfide principali per la salute mondiale». La ricerca fa parte del *Global Burden of Disease Study*, un progetto sulla salute pubblica lanciato a partire dal 1990 dall'Organizzazione mondiale della sanità (OMS) e dalla Banca mondiale per valutare il peso delle malattie sulle nostre vite. Nel caso di sovrappeso e obesità, per esempio, lo studio del 2010 li indicava come causa di 3,4 milioni di morti in un anno. Morti a causa di malattie cardiovascolari, respiratorie, metaboliche, ma anche vittime di molti altri disturbi e di vari tipi di tumore.

I dati pubblicati oggi, raccolti e studiati da quasi 150 scienziati di tutto il mondo, sono ancora più allarmanti perché descrivono una situazione che non fa che peggiorare. Gli adulti in sovrappeso o francamente obesi sono passati in poco più di trent'anni da essere il 29% della popolazione maschile al 37%, e dal 30% di quella femminile al 38%. Lo stesso vale per i bambini, che, soprattutto nei Paesi poveri, stanno rapidamente diventando sempre più grassi. Poi ci sono i record: a Tonga più del 50% degli adulti è obeso.

Il numero più alto di obesi abita ancora negli Stati Uniti (dove un adulto su tre è troppo grasso), già tallonati dai Paesi emergenti come India e Cina (insieme, i due ospitano il 15% di tutti gli obesi del mondo).

In generale l'aumento peggiore è stato osservato nei Paesi in via di sviluppo. Con una nota interessante: nei Paesi sviluppati gli uomini sono sovrappeso più delle donne, mentre in quelli in via di sviluppo sovrappeso e obesità sono più frequenti nelle donne che negli uomini. Infatti, in testa ai Paesi dove le donne sono sempre più obese, troviamo Egitto, Arabia Saudita e Honduras. Unica nota positiva, a volerla proprio trovare, è che «il tasso di aumento di sovrappeso e obesità è stato maggiore tra il 1992 e il 2002, ma sta rallentando nell'ultimo decennio specialmente nei Paesi sviluppati», scrivono gli scienziati. E questo rifletterebbe l'interessamento degli Stati che, sebbene con una certa pigrizia, si sono impegnati di fronte all'OMS a frenare l'emergenza obesità entro il 2025.

Ma si sta facendo ancora troppo poco: «a differenza degli altri rischi maggiori per la salute globale, come l'uso del tabacco e la malnutrizione infantile – ha spiegato infatti Emmanuela Gakidou dell'Università di Washington e firma della ricerca – l'obesità globale non sta affatto decrescendo».

(Tratto da: Silvia Bencivelli,
in «la Repubblica», 30 maggio 2014)

L'OBESITÀ NEL MONDO

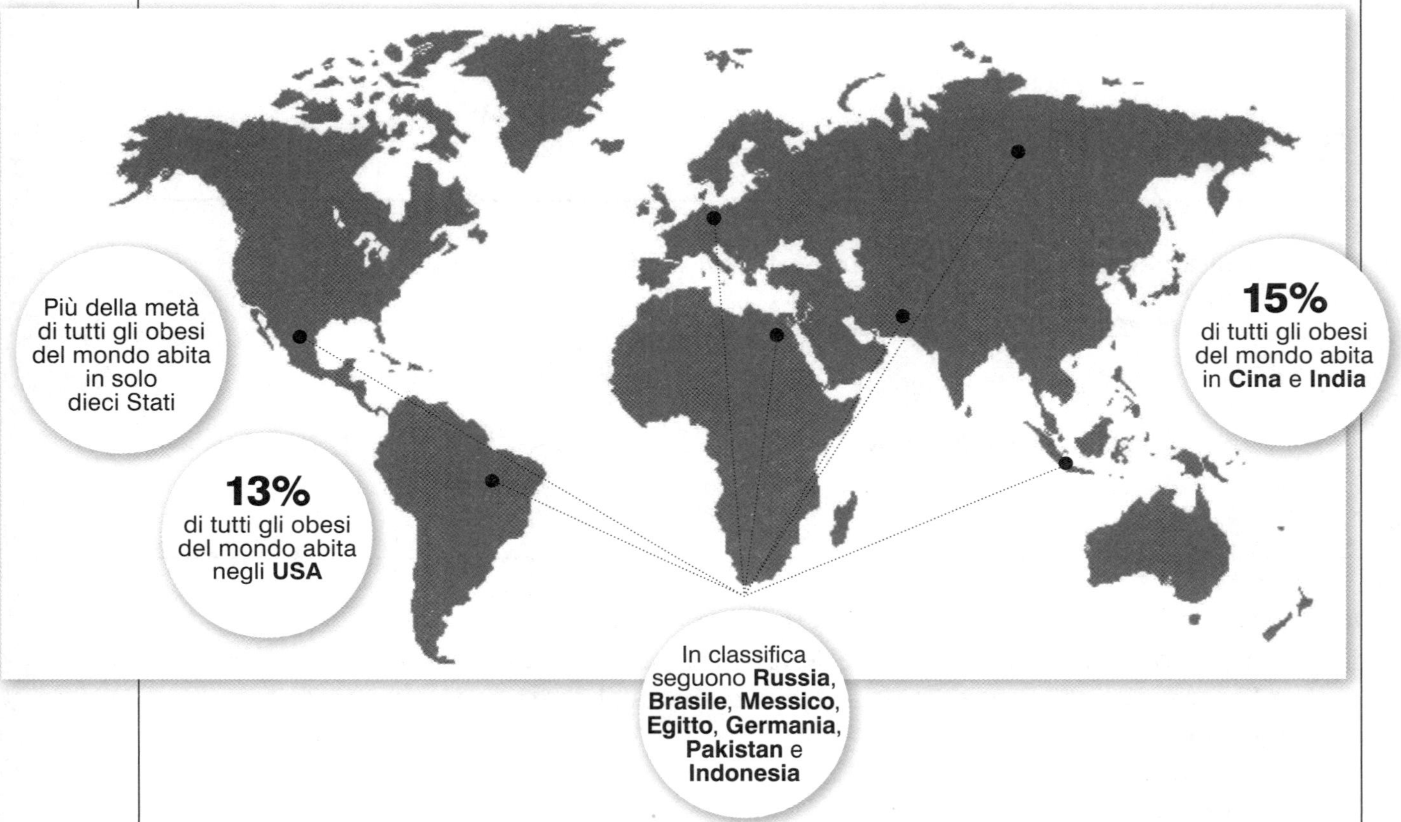

Gli obesi nel mondo

857 MILIONI nel 1980

2,1 MILIARDI nel 2013

I Paesi che hanno conosciuto l'aumento maggiore di obesità tra gli uomini: **Nuova Zelanda**, **Bahrain**, **Kuwait**, **Arabia Saudita**, **USA**.

I Paesi che hanno conosciuto l'aumento maggiore di obesità tra le donne: **Egitto**, **Arabia Saudita**, **Oman**, **Honduras**, **Bahrain**.

Nei Paesi in via di sviluppo l'obesità è più diffusa tra le donne, in quelli ricchi tra gli uomini.

Il 62% degli obesi abita in Paesi in via di sviluppo.

+28% l'aumento di obesità e sovrappeso tra gli adulti di tutto il mondo tra il 1980 e il 2013.

+47% l'aumento di obesità e sovrappeso tra i bambini tra il 1980 e il 2013.

A1. L'allarme è globale perché

A. ☐ deriva da uno studio a cura dell'Organizzazione mondiale della sanità
B. ☐ riguarda uomini, donne e bambini del mondo intero
C. ☐ riguarda tutta la popolazione del pianeta
D. ☐ l'obesità è causa di milioni di morti ogni anno

A2. Lo studio di cui si parla è "senza precedenti", cioè

A. ☐ irripetibile
B. ☐ anomalo
C. ☐ eccezionale
D. ☐ strepitoso

A3. I risultati emersi dallo studio sono stati resi pubblici

A. ☐ dall'OMS
B. ☐ da una rivista medica
C. ☐ dalla Banca mondiale
D. ☐ dagli scienziati

A4. Alla riga 9 si parla di "campagne di prevenzione".
Leggi le definizioni che il dizionario fornisce per le parole "campagna" e "prevenzione" e scrivi una spiegazione adatta al contesto in cui è inserita l'espressione.

campagna
1. a. estesa superficie di un terreno aperto, coltivato o coltivabile. **b.** terra coltivata, intesa come proprietà: fondo, latifondo, podere, possedimento, tenuta, terreno. **c.** periodo in cui si svolge una determinata attività agricola; raccolta, stagione. ☐ momento, periodo, tempo. **2.** (*milit.*) ciclo di operazioni belliche. **3.** (*estens., fig.*) insieme di azioni volte a un determinato fine, ciclo, iniziativa.

prevenzione
1. adozione di una serie di provvedimenti per evitare o impedire mali sociali, malattie, pericoli; (*med.*) profilassi. **2.** giudizio avverso precostituito; preconcetto, pregiudizio.

campagne di prevenzione = ...

....

....

A5. Quale scopo ha il progetto *Global Burden of Disease Study*? Rispondi con le parole del testo.

....

A6. Nell'espressione «Gli adulti in sovrappeso o francamente obesi» la parola "francamente" si può sostituire con

A. ☐ direttamente

B. ☐ palesemente

C. ☐ sinceramente

D. ☐ fortemente

A7. I bambini stanno diventando sempre più grassi soprattutto nei

....

A8. Alla riga 26 la parola "tallonati" ha il significato di

A. ☐ pressati

B. ☐ preceduti di poco

C. ☐ seguiti da vicino

D. ☐ pedinati

A9. Quale record negativo viene citato nel testo?

....

A10. Che cosa si rileva tra uomini e donne nei Paesi sviluppati e in quelli in via di sviluppo?

A. ☐ Nei Paesi sviluppati e in via di sviluppo uomini e donne sono sovrappeso

B. ☐ Nei Paesi sviluppati non ci sono uomini e donne obesi

C. ☐ Gli uomini sono più obesi delle donne nei Paesi sviluppati; le donne sono più obese degli uomini nei Paesi in via di sviluppo

D. ☐ Le donne sono più obese degli uomini nei Paesi sviluppati; gli uomini sono più obesi delle donne nei Paesi in via di sviluppo

A11. Il termine "tasso" può avere diversi significati. Alla riga 33 è usato come sinonimo di

A. ☐ percentuale
B. ☐ contenuto
C. ☐ quantità
D. ☐ misura

A12. In alcuni Paesi il fenomeno è rallentato nell'ultimo decennio.

a) Di quali Paesi si tratta?

....

b) Quale impegno hanno preso per il 2025? Nei confronti di chi?

....

....

A13. L'espressione "sebbene con una certa pigrizia" (righe 36-37) è riferita

A. ☐ agli Stati in via di sviluppo, dove le donne sono sempre più obese
B. ☐ agli Stati più sviluppati, che non si danno troppo da fare
C. ☐ alla lenta diminuzione dell'obesità nell'ultimo decennio
D. ☐ alla scarsa volontà della popolazione di cercare un rimedio

---

A14. Quali altri rischi per la salute della popolazione mondiale sono citati nel testo?

.... **e** ....

A15. Quale funzione ha il riquadro che accompagna il testo?

A. ☐ È un elemento ornamentale per rendere più piacevole la lettura
B. ☐ Approfondisce ciò che è detto nell'articolo, con molti altri esempi
C. ☐ È un'infografica per spiegare come si calcolano sovrappeso e obesità
D. ☐ Evidenzia con dati ed esempi il fenomeno dell'obesità nel mondo

A16. Osserva il riquadro e distingui le informazioni vere da quelle false tra quelle proposte nella tabella.
Metti una crocetta per ogni riga.

INFORMAZIONI	VERO	FALSO
a) In poco più di 30 anni le persone obese sono diventate più del doppio	☐	☐
b) Russia e Brasile sono i Paesi del mondo dove c'è la maggior percentuale di obesi	☐	☐
c) Più della metà degli obesi non risiede nei Paesi sviluppati	☐	☐
d) In Arabia Saudita e nel Bahrain si è rilevato un grande aumento di obesità sia tra gli uomini sia tra le donne	☐	☐
e) In Cina e in India l'obesità è diminuita del 15%	☐	☐
f) In percentuale, è aumentato di meno il numero di obesi tra i bambini rispetto agli adulti	☐	☐

A17. Lo scopo di questo testo è

A. ☐ evidenziare le conseguenze dell'obesità sulla salute e proporre dei rimedi

B. ☐ criticare il fatto che nel mondo vi sia stato un enorme aumento dell'obesità

C. ☐ informare sul preoccupante aumento di obesità e sovrappeso nel mondo

D. ☐ informare sui modi più efficaci per ridurre l'obesità e il sovrappeso

A18. Nel testo si lancia l'allarme e si riportano molti dati, ma non si spiega la ragione dell'aumento dell'obesità nel mondo.
In base alle tue conoscenze, quali potrebbero essere alcune tra le principali cause?
Metti una crocetta per ogni riga.

CAUSE DELL'OBESITÀ	SÌ	NO
a) alimentazione troppo ricca di grassi	☐	☐
b) scarsa attività fisica	☐	☐
c) malattie cardiovascolari e respiratorie	☐	☐
d) più calorie immesse nel corpo di quelle bruciate	☐	☐
e) alimentazione con troppa verdura e frutta	☐	☐

PROVA 5
PARTE SECONDA

GRAMMATICA

B1. Dividi in sillabe ciascuna delle parole elencate e indica a quale categoria appartiene, come nell'esempio.
Metti una crocetta per ogni riga.

PAROLE E DIVISIONE IN SILLABE		TRISILLABE	QUADRISILLABE	POLISILLABE
Esempio: improbabile	im-pro-ba-bi-le	☐	☐	☒
a) risultato	....	☐	☐	☐
b) allarmante	....	☐	☐	☐
c) aumento	....	☐	☐	☐
d) metaboliche	....	☐	☐	☐
e) emergenza	....	☐	☐	☐

B2. Leggi il periodo seguente:

«Leggendo gli studi recenti ci si chiede il perché di questa emergenza».

L'espressione "il perché" ha la funzione logica di

A. ☐ soggetto
B. ☐ specificazione
C. ☐ oggetto
D. ☐ causa

B3. Nel periodo "Scoprii quel nascondiglio perché c'era finito il pallone" individua i due soggetti e scrivili dove indicato.

a) Primo soggetto ....

b) Secondo soggetto ....

B4. Leggi la frase

«Ha dodici anni compiuti, ma sembra più piccolo della sua età».

a) Sostituisci "sebbene" a "ma" e riscrivi correttamente il modo verbale.

Ha dodici anni compiuti, sebbene .... più piccolo della sua età.

b) Nella frase è presente un aggettivo di grado

A. ☐ superlativo relativo

B. ☐ superlativo assoluto

C. ☐ comparativo di maggioranza

D. ☐ comparativo di minoranza

B5. Leggi la seguente voce, tratta da un dizionario di lingua italiana. Poi, per ognuna delle informazioni in tabella, indica se è vera o falsa.

accogliere [ac-cò-glie-re], **v. tr. 2ª con. irreg.**, der. di *cogliere*.
1a. ospitare: *Ci ha accolti in casa sua*; **1b.** ricevere all'arrivo qualcuno o qualcosa: *Accogliere un amico, una notizia*; ammettere, includere: *Accogliere nel proprio gruppo*; **2.** accettare, approvare, prendere in considerazione: *Accogliere una proposta, una richiesta*; **3.** contenere, raccogliere: *La sala accoglie mille persone.*

S ospitare (nei significati 1 e 3); **C** respingere (nei significati 1 e 2); rifiutare (nel significato 2).
GRAMMATICA: aus. *avere*; si coniuga come *cogliere*: ind. pres. *accolgo, accogli, accoglie, accogliamo, accogliete, accolgono*; cong. pres. *accolga, accogliamo, accogliate… accolgano*; part. pass. *accolto*.

Metti una crocetta per ogni riga.

AFFERMAZIONI	VERO	FALSO
a) È un verbo intransitivo derivato di "cogliere"	☐	☐
b) Nella frase "I profughi *furono accolti* nelle case del villaggio" il verbo è usato nel significato 3	☐	☐
c) Nella frase "La richiesta di asilo *fu accolta*" il verbo è usato nel significato 2	☐	☐
d) Contrari di *accogliere* possono essere "respingere" e "rifiutare"	☐	☐
e) Nella frase "Al loro arrivo, *furono accolti* a braccia aperte" il verbo è usato nel significato 1a	☐	☐

B6. Trasforma in discorso indiretto il seguente discorso diretto:

"Gli scienziati dichiararono: - La tendenza del prossimo decennio segnerà un rallentamento dell'obesità nei Paesi sviluppati".

....

....

....

B7. In ciascun periodo della tabella indica il tipo della subordinata sottolineata.

PROPOSIZIONE SUBORDINATA	TIPO DI SUBORDINATA
a) Lo stesso vale per i bambini <u>che, soprattutto nei Paesi poveri, stanno rapidamente diventando sempre più grassi</u>	relativa ☐ causale ☐ condizionale ☐ finale ☐
b) la ricerca fa parte di un progetto sulla salute pubblica <u>per valutare il peso delle malattie sulle nostre vite</u>	relativa ☐ causale ☐ condizionale ☐ finale ☐
c) <u>Se si esaminano i dati dei Paesi in via di sviluppo</u>, ci si accorge dell'aumento più allarmante di sovrappeso nelle donne	relativa ☐ causale ☐ condizionale ☐ finale ☐

B8. Leggi il seguente periodo:

"Non eravamo forse emigranti anche noi italiani, partendo per l'America o per l'Australia?"

a) Trascrivi la proposizione implicita:

....

b) Trasforma l'implicita in esplicita:

....

B9. Leggi il seguente periodo:

"L'insegnante stava di fronte alla porta e quando lo salutarono tutti gli alunni sentì una forte commozione".

Identifica le frasi coordinate e subordinate che formano il periodo e riscrivile nello schema. Nella prima casella scrivi la principale.

a) ....
....

b) ....
....

c) ....
....

B10. Fai attenzione alla punteggiatura delle seguenti frasi e, per ogni espressione della prima colonna, scegli la spiegazione corretta fra le due proposte.

Metti una crocetta per ogni riga.

	SPIEGAZIONE 1	SPIEGAZIONE 2
a) Il mio, cane è un simpatico, animaletto senza pedigree.	☐ Le due virgole sono scorrette perché la virgola non va inserita tra il nome e il suo aggettivo	☐ Le due virgole sono corrette perché separano un inciso
b) Il mio cane, un simpatico animaletto, è senza pedigree.	☐ Le due virgole sono scorrette perché la virgola non va inserita tra il nome e il suo aggettivo	☐ Le due virgole sono corrette perché separano un inciso
c) Pedro, ha comprato una nuova bici.	☐ La virgola è corretta perché serve a separare gli elementi di un elenco	☐ La virgola è scorretta perché non va mai inserita tra il soggetto e il predicato
d) Pedro ha comprato una nuova bici, un paio di guanti, un casco	☐ Le due virgole sono corrette perché servono a separare gli elementi di un elenco	☐ Le due virgole sono scorrette perché non vanno mai inserite tra il predicato e il complemento oggetto

GRIGLIA DI AUTOCORREZIONE DELLA **PROVA 5**

PARTE PRIMA Silvia Bencivelli ▪ **Allarme globale: obesità da record**

DOMANDA	RISPOSTA CORRETTA	MIA RISPOSTA	AUTOVALUTAZIONE	
			POSITIVA	NEGATIVA
A1.	A. ☐ B. ☐ C. ☐ D. ☐	A. ☐ B. ☐ C. ☐ D. ☐	☐	☐
A2.	A. ☐ B. ☐ C. ☐ D. ☐	A. ☐ B. ☐ C. ☐ D. ☐	☐	☐
A3.	A. ☐ B. ☐ C. ☐ D. ☐	A. ☐ B. ☐ C. ☐ D. ☐	☐	☐
A4.	....	....	☐	☐
A5.	....	....	☐	☐
A6.	A. ☐ B. ☐ C. ☐ D. ☐	A. ☐ B. ☐ C. ☐ D. ☐	☐	☐
A7.	....	....	☐	☐
A8.	A. ☐ B. ☐ C. ☐ D. ☐	A. ☐ B. ☐ C. ☐ D. ☐	☐	☐
A9.	....	....	☐	☐
A10.	A. ☐ B. ☐ C. ☐ D. ☐	A. ☐ B. ☐ C. ☐ D. ☐	☐	☐
A11.	A. ☐ B. ☐ C. ☐ D. ☐	A. ☐ B. ☐ C. ☐ D. ☐	☐	☐
A12. a)	....	....	☐	☐
A12. b)	....	....	☐	☐

DOMANDA	RISPOSTA CORRETTA	MIA RISPOSTA	AUTOVALUTAZIONE	
			POSITIVA	NEGATIVA
A13.	A. ☐ B. ☐ C. ☐ D. ☐	A. ☐ B. ☐ C. ☐ D. ☐	☐	☐
A14.	....	....	☐	☐
A15.	A. ☐ B. ☐ C. ☐ D. ☐	A. ☐ B. ☐ C. ☐ D. ☐	☐	☐
A16. a)	VERO ☐ FALSO ☐	VERO ☐ FALSO ☐	☐	☐
A16. b)	VERO ☐ FALSO ☐	VERO ☐ FALSO ☐	☐	☐
A16. c)	VERO ☐ FALSO ☐	VERO ☐ FALSO ☐	☐	☐
A16. d)	VERO ☐ FALSO ☐	VERO ☐ FALSO ☐	☐	☐
A16. e)	VERO ☐ FALSO ☐	VERO ☐ FALSO ☐	☐	☐
A16. f)	VERO ☐ FALSO ☐	VERO ☐ FALSO ☐	☐	☐
A17.	A. ☐ B. ☐ C. ☐ D. ☐	A. ☐ B. ☐ C. ☐ D. ☐	☐	☐
A18. a)	SÌ ☐ NO ☐	SÌ ☐ NO ☐	☐	☐
A18. b)	SÌ ☐ NO ☐	SÌ ☐ NO ☐	☐	☐
A18. c)	SÌ ☐ NO ☐	SÌ ☐ NO ☐	☐	☐
A18. d)	SÌ ☐ NO ☐	SÌ ☐ NO ☐	☐	☐
A18. e)	SÌ ☐ NO ☐	SÌ ☐ NO ☐	☐	☐

TOTALE RISPOSTE CORRETTE

TOTALE RISPOSTE SBAGLIATE/NON DATE

PARTE SECONDA **Grammatica**

DOMANDA	RISPOSTA CORRETTA	MIA RISPOSTA	AUTOVALUTAZIONE	
			POSITIVA	NEGATIVA
B1. a)	.... TRISILLABE ☐ QUADRISILLABE ☐ POLISILLABE ☐	.... TRISILLABE ☐ QUADRISILLABE ☐ POLISILLABE ☐	☐	☐
B1. b)	.... TRISILLABE ☐ QUADRISILLABE ☐ POLISILLABE ☐	.... TRISILLABE ☐ QUADRISILLABE ☐ POLISILLABE ☐	☐	☐
B1. c)	.... TRISILLABE ☐ QUADRISILLABE ☐ POLISILLABE ☐	.... TRISILLABE ☐ QUADRISILLABE ☐ POLISILLABE ☐	☐	☐
B1. d)	.... TRISILLABE ☐ QUADRISILLABE ☐ POLISILLABE ☐	.... TRISILLABE ☐ QUADRISILLABE ☐ POLISILLABE ☐	☐	☐
B1. e)	.... TRISILLABE ☐ QUADRISILLABE ☐ POLISILLABE ☐	.... TRISILLABE ☐ QUADRISILLABE ☐ POLISILLABE ☐	☐	☐
B2.	A. ☐ B. ☐ C. ☐ D. ☐	A. ☐ B. ☐ C. ☐ D. ☐	☐	☐
B3. a)	....	....	☐	☐
B3. b)	....	....	☐	☐
B4. a)	....	....	☐	☐
B4. b)	A. ☐ B. ☐ C. ☐ D. ☐	A. ☐ B. ☐ C. ☐ D. ☐	☐	☐
B5. a)	VERO ☐ FALSO ☐	VERO ☐ FALSO ☐	☐	☐
B5. b)	VERO ☐ FALSO ☐	VERO ☐ FALSO ☐	☐	☐
B5. c)	VERO ☐ FALSO ☐	VERO ☐ FALSO ☐	☐	☐
B5. d)	VERO ☐ FALSO ☐	VERO ☐ FALSO ☐	☐	☐
B5. e)	VERO ☐ FALSO ☐	VERO ☐ FALSO ☐	☐	☐

DOMANDA	RISPOSTA CORRETTA	MIA RISPOSTA	AUTOVALUTAZIONE	
			POSITIVA	NEGATIVA
B6.	....	....	☐	☐
B7. a)	RELATIVA ☐ CAUSALE ☐ CONDIZIONALE ☐ FINALE ☐	RELATIVA ☐ CAUSALE ☐ CONDIZIONALE ☐ FINALE ☐	☐	☐
B7. b)	RELATIVA ☐ CAUSALE ☐ CONDIZIONALE ☐ FINALE ☐	RELATIVA ☐ CAUSALE ☐ CONDIZIONALE ☐ FINALE ☐	☐	☐
B7. c)	RELATIVA ☐ CAUSALE ☐ CONDIZIONALE ☐ FINALE ☐	RELATIVA ☐ CAUSALE ☐ CONDIZIONALE ☐ FINALE ☐	☐	☐
B8. a)	....	....	☐	☐
B8. b)	....	....	☐	☐

DOMANDA	RISPOSTA CORRETTA	MIA RISPOSTA	AUTOVALUTAZIONE	
			POSITIVA	NEGATIVA
B9.	a) .... b) .... c)	a) .... b) .... c)	☐	☐
B10. a)	SPIEGAZIONE 1 ☐ SPIEGAZIONE 2 ☐	SPIEGAZIONE 1 ☐ SPIEGAZIONE 2 ☐	☐	☐
B10. b)	SPIEGAZIONE 1 ☐ SPIEGAZIONE 2 ☐	SPIEGAZIONE 1 ☐ SPIEGAZIONE 2 ☐	☐	☐
B10. c)	SPIEGAZIONE 1 ☐ SPIEGAZIONE 2 ☐	SPIEGAZIONE 1 ☐ SPIEGAZIONE 2 ☐	☐	☐
B10. d)	SPIEGAZIONE 1 ☐ SPIEGAZIONE 2 ☐	SPIEGAZIONE 1 ☐ SPIEGAZIONE 2 ☐	☐	☐

TOTALE RISPOSTE CORRETTE ☐

TOTALE RISPOSTE SBAGLIATE/NON DATE ☐

VALUTAZIONE DELL'INSEGNANTE	
	Competenza testuale ....
	Competenza grammaticale ....

PARTE 3

Prove FINALI

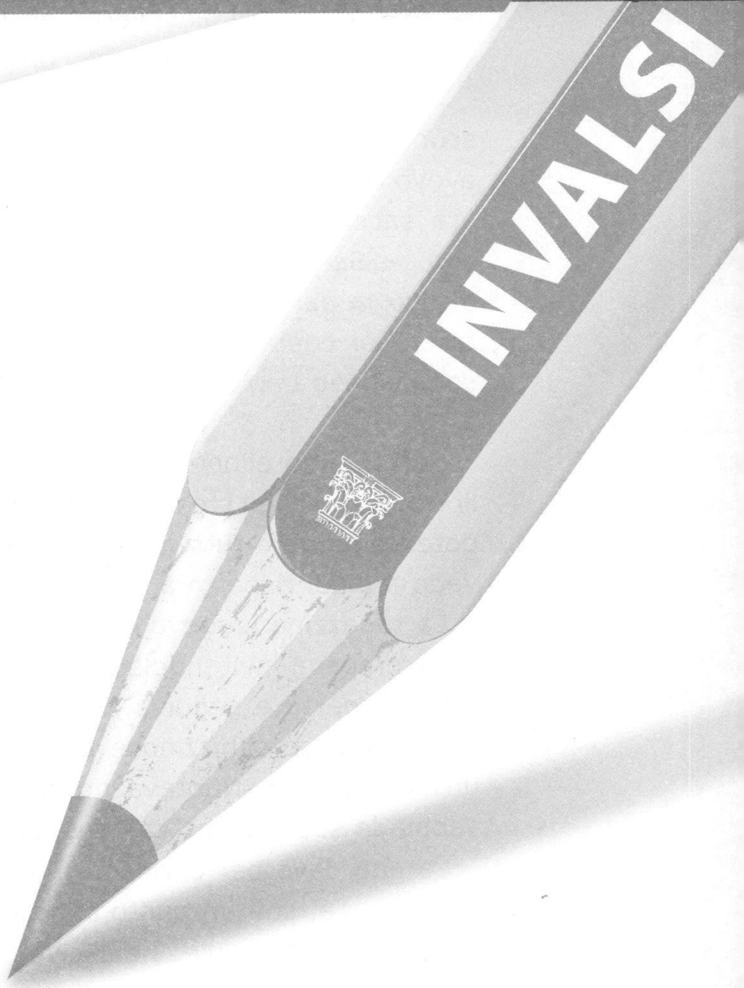

Misurare le competenze linguistiche

(Fascicoli di simulazione della PROVA NAZIONALE INVALSI)

PARTE PRIMA – TESTO A

Ricordo di un'estate

Sulla spiaggia quell'estate mi accanivo sugli schemi dei cruciverba, dei rebus, di anagrammi e di crittografie[1]. Se non li risolvevo non guardavo la soluzione pubblicata nel numero seguente. Lasciavo i vuoti alle spalle e proseguivo. Oggi credo che l'enigmistica sia una buona scuola di scrittura, addestra all'esattezza del vocabolo che deve corrispondere alla definizione richiesta. L'enigmistica mi ha fornito la dote giocoliera necessaria alle parole. Quello che credevo allora un vizio solitario è stato invece l'officina meccanica della lingua.

Non chiedevo aiuto agli adulti, l'informazione di un nome, di un fatto sconosciuto. Capitava invece che chiedessero a me. Era un punto delicato, se avevo la soluzione dovevo stare attento a presentarla. Non potevo dirla e basta, era saccenteria. «Ce l'ho sulla punta della lingua, sono sicuro che comincia con...». Se non ci arrivava, dopo un po', fingendo di aver pensato solo a quello, dicevo la parola. Avevo imparato gli adulti dai libri, sapevo come averci a che fare. Coi coetanei invece non sapevo, oltre i turni obbligati della scuola non condividevo uno svago.

Sotto l'ombrellone vicino, una ragazzina del Nord passava il tempo a leggere libriccini gialli, gli stessi che mia nonna consumava in un giorno. Sbalordivo che si potesse leggere tutt'un libro in un giorno. Sulle righe passo lento anche adesso, vado a piedi rispetto a chi legge a velocità di bicicletta.

La ragazzina leggeva così, svelta e da niente intorno richiamata. La madre la interrompeva invitandola a un tuffo, a rinfrescarsi. Rovesciava sull'asciugamano il libro aperto e seguiva l'invito senza fastidio, senza slancio nemmeno. E non faceva mosse schizzinose al contatto con l'acqua, c'entrava leggera, come in un'altra stanza. Nuotava dorso e rana, dieci minuti e risaliva. Strizzava sulla sabbia le sue ciocche castane, si asciugava e si stendeva a leggere.

La guardavo per curiosità. Pure lei al volta-pagina guardava veloce dalla mia parte, seria, con un punto d'interrogazione tra le sopracciglia. La ragazzina non assomigliava a quelle che uscivano nella ressa mista dalla scuola. Faceva intorno a sé l'effetto opposto, di silenzio e di spazio. Passava un motoscafo di legno luccicante, uno strascico bianco dietro all'elica, si faceva ammirare. Lei non si voltava. Passava il vaporetto[2] delle undici e scaricava ondate spassose per chi ci sapeva fare. Le madri si schieravano di sentinella, qualcuna chiamava un figlio fuori del metro del controllo, lei niente, indifferenza universale.

1. **crittografie:** in enigmistica, scritture cifrate o tipi particolari di rebus.
2. **vaporetto:** piroscafo di piccole dimensioni, solitamente destinato a servizi pubblici in porti, canali, laghi, ecc.

Mi accorgevo della novità: facevo caso a una persona coetanea. Mai mi sarei permesso l'iniziativa, "Che leggi?". Lo sapevo già.

Dopo il vaporetto delle undici mamma mi dava venti lire per un ghiacciolo al bar. Andavo a gustarmelo sotto la palafitta del terrazzo. Mentre facevo la compera s'avvicinò anche lei, chiese lo stesso. Mentre scartavamo i ghiaccioli disse: «Leggo libri gialli». Come se fosse la più solita cosa risposi a bassa voce: «Lo so, porto gli stessi a mia nonna ogni domenica. Lei li legge il lunedì e aspetta per il resto dei sei giorni».

«Andiamoci a sedere», disse, e feci strada, non fino ai pali, mi fermai sui gradini di legno.

«Che classe fai?» chiesi.

«Non sprechiamo tempo con le stupidaggini. Tu perché sei così?».

Tirai a indovinare e risposi: «Mi piace tutto quello che è scritto, i giornali, gli elenchi. So a memoria la lista delle consumazioni e i prezzi del bar. Leggo tutto».

«Anch'io, ma questo non spiega perché non stai con loro» e guardò verso un gruppetto che giocava a palla sulla sabbia.

«Non ci so stare, non mi piacciono i loro giochi. Il pomeriggio vado a nuotare o alla spiaggia dei pescatori a vedere la tirata delle reti. Un uomo che conosco mi porta qualche volta a pesca sulla barca. So remare un poco».

«Io sono una scrittrice».

Mi stupii, tirai su col naso, da vicino accolsi meglio l'unto di mandorla che usava a protezione. Da noi c'era l'abitudine di scottarsi e dopo le bolle d'acqua, da bucare con l'ago, cresceva la pelle dell'estate, una seconda spessa e cupa. Lei si spalmava addosso un tubetto francese che voleva dire: bagno di sole. Non era una definizione appropriata. Nelle parole crociate non l'avrebbero usata. Il bagno si poteva fare al sole, non di sole. Altrimenti si trattava di un bagno di crema. La pubblicità, già lo sapevo, preferiva la suggestione all'esattezza.

Era un odore giusto addosso a lei.

«Caspita, scrittrice, allora sai come sono fatti i grandi, le loro mosse. Pur'io le so, ma non ho scritto niente, non voglio che si accorgono di essere scoperti».

«Non so niente di grandi, non mi importano, io scrivo storie di animali. Studio il comportamento: con il corpo si scambiano discorsi lunghi che a noi durano un'ora e neanche ci capiamo. Cerco di fare come loro, di non sprecare tempo».

Venne verso di noi sua madre, per reazione di beneducato mi alzai in piedi e dissi: «Buongiorno signora, mi chiamo...», la donna forzò un sorriso e passò oltre di noi sulla scala.

«Hai fatto la mossa del cucciolo di lupo», disse lei.

«Non ho sprecato tempo?».

«Gli animali si salutano molto. E adesso ti saluto io».

Si alzò e seguì sua madre. Mi voltai verso la mano che reggeva il ghiacciolo. Squagliato, stringeva un bastoncino vuoto.

(Tratto da: Erri De Luca, *I pesci non chiudono gli occhi*, Feltrinelli)

A1. La parola "mi accanivo" (riga 1) ha il significato di

A. ☐ infierivo con rabbia e ostinazione

B. ☐ mi dedicavo con impegno

C. ☐ mi imbestialivo furiosamente

D. ☐ mi irritavo in modo ostinato

A2. Il narratore-autore pensa che la sua passione per l'enigmistica gli sia stata d'aiuto nel mestiere di scrittore (righe 3-7). Per quali tra i seguenti motivi?

Metti una crocetta per ogni riga.

	VERO	FALSO
a) Lo ha allenato a trovare sempre i termini più giusti	☐	☐
b) Lo ha allenato a scartare le parole simili ma non esatte	☐	☐
c) Lo ha fatto esercitare a chiedere informazioni agli adulti	☐	☐
d) Gli ha permesso di imparare a giocare con le parole	☐	☐

A3. Con l'espressione "officina meccanica della lingua" (riga 7) l'autore intende

A. ☐ un edificio dove riparare i guasti del suo modo di scrivere e soprattutto di parlare, visto che era quasi sempre solo

B. ☐ un laboratorio per smontare e ricomporre meccanicamente le parole della lingua

C. ☐ un laboratorio per smontare e ricomporre le parole, come in un'officina il meccanico fa con le macchine

D. ☐ un modo meccanico, automatico, per imparare a risolvere i rebus e trovare le definizioni

---

A4. Se un adulto gli chiedeva aiuto nel ricordare un nome o un fatto (righe 9-13) il ragazzino

A. ☐ faceva finta di non ricordare subito, di doverci pensare sopra

B. ☐ era ben contento di far vedere che aveva subito pronta la soluzione

C. ☐ cercava l'informazione richiesta sui libri, come facevano gli adulti

D. ☐ ci pensava un attimo perché non sapeva bene come spiegarla

A5. Fornire subito il nome, la soluzione all'adulto che chiedeva un'informazione sarebbe stato da parte del ragazzino "uno sfoggio delle proprie conoscenze". Quale parola del testo (righe 9-11) corrisponde a questa definizione?

....

A6. Con la frase "Coi coetanei invece non sapevo, oltre i turni obbligati della scuola non condividevo uno svago" (righe 14-15) l'autore intende dire che

A. ☐ non sapeva chi erano i suoi coetanei, con i quali al di fuori della scuola non aveva nulla in comune

B. ☐ non sapeva come comportarsi con ragazzi della sua età, soltanto durante le ore di scuola riusciva a divertirsi con loro

C. ☐ non sapeva come comportarsi con ragazzi della sua età, con i quali non aveva in comune divertimenti ma solo le ore obbligatorie di scuola

D. ☐ non sapeva come ci si comporta con i coetanei, perché sui libri che leggeva a scuola non c'erano suggerimenti per divertirsi insieme

---

A7. Quale immagine figurata (metafora) usa l'autore per descrivere il suo modo di leggere da adulto? Individuala nella seconda sequenza e trascrivila.

....

....

A8. La descrizione della ragazzina dell'ombrellone accanto contiene soprattutto dati che riguardano il comportamento e le azioni. C'è un solo dato sull'aspetto fisico: quale? Individualo e trascrivilo.

....

A9. Come si comportava, che cosa faceva la ragazzina (righe 20-33) durante le mattine sulla spiaggia?

Metti una crocetta per ogni riga.

	VERO	FALSO
a) Leggeva concentrata, niente la distraeva	☐	☐
b) Leggeva libri gialli, distraendosi e guardandosi intorno	☐	☐
c) Entrava rapidamente in acqua, nuotava per una decina di minuti e tornava a leggere	☐	☐
d) Non si curava neppure del divertimento provocato dalle ondate del vaporetto delle undici	☐	☐
e) Quando girava la pagina, guardava il ragazzino, ridendo	☐	☐

A10. Il ragazzino osservava con curiosità gli atteggiamenti della ragazza, rendendosi conto che (due risposte)

A. ☐ lei si comportava diversamente rispetto alle sue compagne di scuola

B. ☐ per la prima volta vedeva qualcuno leggere un libro in un giorno

C. ☐ lei si comportava così perché la madre la controllava con severità

D. ☐ per la prima volta lui provava curiosità verso qualcuno della sua età

A11. La domanda "Che leggi?" (riga 35) è

A. ☐ rivolta dal ragazzino alla ragazza durante il loro primo incontro al bar

B. ☐ pensata dal ragazzino che non osava parlare per primo alla ragazza

C. ☐ posta da parte della ragazza al ragazzino che la stava osservando

D. ☐ rivolta alla ragazzina da parte di un coetaneo che giocava in spiaggia

---

A12. A sua volta, anche la ragazza aveva capito che il ragazzino suo vicino d'ombrellone si comportava diversamente dalla maggioranza dei coetanei e gli aveva chiesto una spiegazione.
Quale domanda gli aveva posto? Trascrivila.

....

A13. La ragazza non si era accontentata della prima spiegazione, ciò che voleva veramente sapere era perché il ragazzino... Completa usando le parole del testo.

....

....

A14. Che cosa aveva stupito il ragazzino (riga 54)?

A. ☐ Il fatto che la ragazza usasse una crema solare

B. ☐ Il fatto che la crema si chiamasse bagno di sole

C. ☐ Il fatto che la ragazza avesse un profumo di mandorla

D. ☐ Il fatto che la ragazza dicesse di essere una scrittrice

A15. Nella parte finale dell'episodio raccontato (righe 57-74), il ragazzino rivela alcuni aspetti di sé.
Collega ciascun aspetto con una frase del testo scelta tra quelle proposte (scrivi il numero corrispondente).

1. Squagliato, reggeva un bastoncino vuoto
2. Il bagno si poteva fare al sole, non di sole
3. mi alzai in piedi e dissi «Buongiorno signora...»
4. Non ho sprecato tempo?

	NUMERO FRASE
a) È un osservatore attento dell'uso delle parole	....
b) È molto educato	....
c) È affascinato dal dialogo con la ragazza	....

A16. Il personaggio che narra in prima persona è anche l'autore del testo, perciò questo è un racconto

A. ☐ verosimile
B. ☐ realistico
C. ☐ autobiografico
D. ☐ personale

A17. Il testo si divide in tre grandi sequenze. Quali sono i protagonisti di ciascuna parte? Sceglili dall'elenco e trascrivili al posto giusto nella tabella. Se un personaggio è comune a più parti, trascrivilo più volte.

la ragazzina del Nord • la mamma del ragazzo • l'autore ragazzino •
la madre della ragazzina • il gruppetto di coetanei • la nonna

SEQUENZA	PROTAGONISTA / PROTAGONISTI
a) prima	....
b) seconda	....
c) terza	....

A18. Dove sono ambientati i fatti e le descrizioni in ciascuna delle tre sequenze? Scegli i luoghi dall'elenco e trascrivili al posto giusto nella tabella.

al bar della spiaggia • a casa della nonna • sulla spiaggia • sotto l'ombrellone vicino • sotto i pali del terrazzo • in acqua • sui gradini di legno del terrazzo

SEQUENZA	LUOGHI
a) prima	....
b) seconda	....
c) terza	....

A19. Quando si sono svolti i fatti narrati? Completa, sulla base delle informazioni del testo.

a) Il testo narra una vicenda che si svolse nel corso di ....

b) In particolare, nella terza sequenza il dialogo si svolge in mattinata, dopo le ore ....

c) In generale, possiamo affermare che la vicenda è ambientata .... anni fa, quando il costo di un ghiacciolo era di ....

A20. L'autore, che in seguito è diventato uno scrittore, con questo episodio ha voluto

A. ☐ raccontare come avvenne una conoscenza ancora viva nel ricordo

B. ☐ descrivere quali erano i suoi passatempi preferiti durante l'estate

C. ☐ ricordare come si divertiva da ragazzo sulla spiaggia durante l'estate

D. ☐ informare sulle letture preferite da parte sua e della ragazzina

Il censimento dei mari

Ci sono voluti dieci anni e ancora la ricerca è ben lontana dall'essere finita, ma il primo censimento di tutte le specie di animali che vivono nei mari del mondo ha dato una prima, impressionante cifra: secondo il *Census of marine Life* (Coml), un progetto che ha visto impegnati 360 ricercatori di tutto il mondo, sono 230 mila le diverse specie distribuite nelle 25 aree studiate, di cui solo un decimo sono state catalogate.

Il Mediterraneo è al quarto posto per biodiversità, ma purtroppo secondo gli esperti è anche quello più a rischio di perdere questa ricchezza. Le aree più ricche di biodiversità sono risultate essere il Giappone e l'Australia, entrambe con circa 33 mila specie, seguite dalla Cina (22 mila) e dal Mediterraneo, in cui fra crostacei, pesci e alghe vivono 17 mila specie animali. Al quinto posto, tra le 25 aree censite, c'è il Golfo del Messico, recentemente martoriato dalla marea nera[1], in cui vivono 15 mila specie.

«Nel Mediterraneo siamo riusciti a studiare sia le specie costiere sia quelle abissali - spiega il professor Danovaro del Politecnico delle Marche - e sono venute fuori molte sorprese. Per quanto riguarda gli abissi, ad esempio, zone che pensavamo prive di vita hanno mostrato 3500 specie, ma il 70% è ancora da scoprire. Questo è un motivo in più per difendere gli abissi, ad esempio dalle trivellazioni[2], perché non possiamo permetterci di perdere ciò che ancora non conosciamo». Dai dati mondiali i "re dei mari" sembrano essere i crostacei, che sono il 19% di tutte le specie trovate, seguiti dai molluschi (17%), pesci (12%), alghe e protozoi, ciascuno con il 10%. La categoria "altri vertebrati", che contiene mammiferi marini, tartarughe, uccelli marini, conta solo per il 2%. Il pesce maggiormente presente in aree geografiche diverse è un pesce vipera, che vive nel 25% delle zone studiate, mentre le specie che si possono trovare in più zone sono le alghe e gli uccelli marini, che compiono viaggi di migliaia di chilometri. Per quanto riguarda il Mediterraneo, il 7% delle specie che lo abitano non si trovano in altri mari, una percentuale superata solo dall'Antartide con il 15%.

«Purtroppo il Mediterraneo è risultato il mare più a rischio di perdere la propria biodiversità - continua Danovaro - a causa della presenza dell'uomo e dei cambiamenti climatici. Si pensi che è la parte del mondo con più rotte marine commerciali, e solo in Adriatico ci sono 100 pozzi per l'estrazione del metano. Nel Mediterraneo vengono riversati i liquami di 150 grandi città e 14 mila industrie, e nelle sue acque fa rotta il 35% del traffico mondiale delle petroliere. Per questo è necessario e urgente assumere provvedimenti seri a tutela del Mediterraneo e delle specie animali che esso ospita. È indispensabile aumentare il numero e l'estensione delle aree marine protette; bisogna potenziare i controlli per ridurre al massimo l'inquinamento; si deve porre fine a una pesca senza limiti e senza

1. **recentemente... marea nera:** il Golfo del Messico è stato investito nell'aprile 2010 dalla fuoruscita di petrolio greggio da un pozzo sottomarino scavato dalla piattaforma petrolifera Deepwater Horizon.
2. **trivellazioni:** operazioni con le quali si praticano fori mediante trivelle o sonde.

regole che sta portando alla scomparsa di numerose specie di pesci. A questo proposito, molto possiamo e dobbiamo fare anche noi consumatori, mangiando meno pesce ed evitando di acquistare quelle specie, come il tonno rosso, che sono a rischio di estinzione».

Il progetto Coml, partito nel 2000, ha ora una grossa difficoltà, quella dei finanziamenti: «Questa prima parte è stata finanziata da una fondazione americana – spiega l'esperto – che però ora si dedicherà ad altro. Alcuni Paesi, come la Francia, si stanno muovendo per continuare il progetto, speriamo che anche l'Italia faccia la sua parte». E che sia urgente continuare il censimento dei mari lo dimostrano anche le cifre raccolte dagli scienziati in questi dieci anni: confrontando i dati con quelli storici è emerso infatti che alcune popolazioni hanno subito diminuzioni fino al 90%, e potrebbero presto scomparire.

(Tratto e adattato da: Simona Falasca,
in «R2 La scienza» di «la Repubblica», 2011)

LA POPOLAZIONE DEI MARI

Per quanto riguarda la tipologia, le varie specie sono state ripartite dagli scienziati come segue:

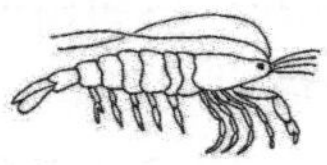

19%	crostacei (granchi, aragoste, gamberi, gamberetti, ecc.)
17%	molluschi (calamari, polpi, vongole, lumache)
12%	pesci (compresi gli squali)
10%	protozoi (microrganismi unicellulari)
10%	alghe e altri organismi vegetali simili
7%	anellidi (vermi segmentati)
6%	platelminti (vermi piatti compresi) ed echinodermi (compresi stelle di mare, ricci di mare, cetrioli di mare)
5%	celenterati (compresi anemoni di mare, coralli e meduse)
5%	poriferi e bryozoa (spugne, animali muschio)
1%	tunicati (compresi i cosiddetti schizzi del mare)

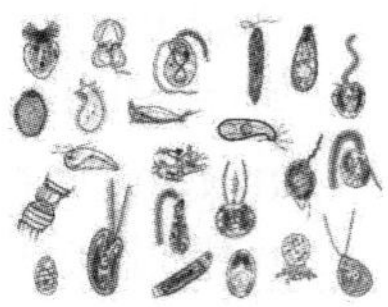
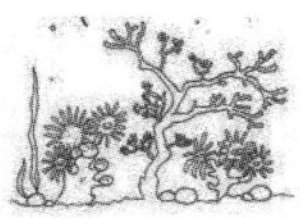
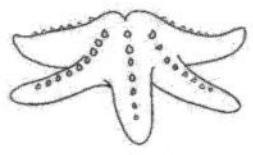
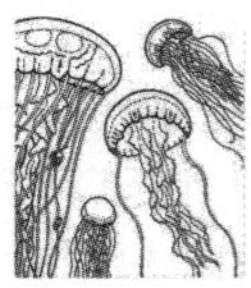
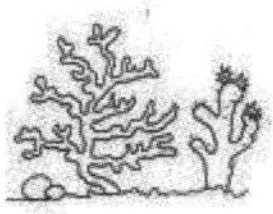

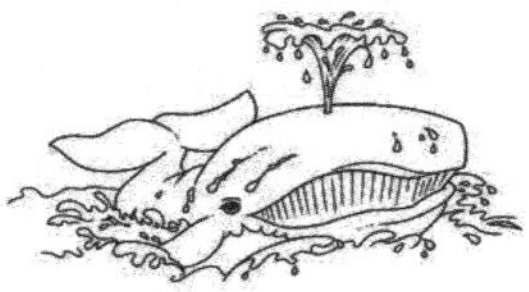

Il restante è stato classificato come "altri invertebrati" (5%) e "altri vertebrati" (2%), categoria, quest'ultima, in cui sono stati fatti rientrare anche balene, leoni marini, foche, uccelli marini, tartarughe e trichechi che, paradossalmente, rappresentano invece gli animali marini più noti, ma che costituiscono una parte molto piccola della biodiversità marina.

B1. L'espressione "censimento dei mari" (titolo e riga 47) significa

A. ☐ rilevazione di quante e quali siano le specie di animali viventi nei mari

B. ☐ rilevazione di quanti siano i mari presenti sulla Terra e delle loro caratteristiche

C. ☐ rilevazione di quanti siano gli esseri umani che abitano presso il mare

D. ☐ rilevazione di quanti siano gli studiosi dei mari e di quali risultati abbiano ottenuto con le loro ricerche

---

B2. I "ricercatori di tutto il mondo" (riga 4) sono

A. ☐ investigatori provenienti da ogni parte del mondo

B. ☐ poliziotti provenienti da ogni parte del mondo

C. ☐ studiosi di tutti i problemi del mondo

D. ☐ studiosi provenienti da ogni parte del mondo

B3. Dopo dieci anni di lavoro, la ricerca "è ben lontana dall'essere finita": quali dati numerici, contenuti nel primo capoverso, confermano questa affermazione? Individua e trascrivi le parole del testo.

....

....

....

B4. Alla riga 7 si dice che «Il Mediterraneo è al quarto posto per biodiversità». La parola "biodiversità"

a) ha il significato di

A. ☐ varietà di organismi viventi in un ecosistema

B. ☐ organismi diversi sulla Terra

C. ☐ esseri viventi di vari tipi

D. ☐ tutti gli organismi viventi di un ecosistema

b) in particolare, il primo elemento "bio-" che compone la parola significa

A. ☐ vita

B. ☐ morte

C. ☐ chiaro

D. ☐ caldo

B5. Quali aree, nell'ordine, sono risultate ai primi tre posti quanto a ricchezza di biodiversità?

....

B6. Il Golfo del Messico (riga 12) secondo te è destinato a restare al quinto posto o a scendere nella classifica della biodiversità? Motiva la tua risposta con l'aiuto del testo e della nota relativa.

....

....

B7. Il "Politecnico delle Marche" (riga 15) è

A. ☐ una grande fabbrica

B. ☐ una scuola superiore di tipo tecnico

C. ☐ un centro di tecnici

D. ☐ un istituto di studi universitari

B8. Una delle prime "sorprese" risultate dallo studio del Mediterraneo riguarda il mondo degli abissi. Perché? Trascrivi la frase del testo che fornisce la spiegazione.

....

....

B9. Consultando il testo (righe 20-26) e osservando i dati del riquadro, indica se ciascuna delle seguenti affermazioni è vera o falsa.

Metti una crocetta per ogni riga.

	VERO	FALSO
a) I pesci costituiscono il 12% delle specie marine	☐	☐
b) Coralli, meduse e altri molluschi raggiungono il 10% delle specie marine	☐	☐
c) Nel 25% delle aree prese in esame vive il cosiddetto "pesce vipera"	☐	☐
d) Tra le specie presenti in molte aree diverse ci sono le alghe	☐	☐
e) Balene, tartarughe, trichechi... costituiscono una parte minima della biodiversità marina	☐	☐
f) Uccelli marini e tartarughe sono diffusi nel 25% delle aree studiate	☐	☐

B10. In che cosa il mar Mediterraneo è superato dall'Antartide (righe 26-28)?

A. ☐ Nella percentuale di specie che si trovano anche in altri mari (il 15% dell'Antartide contro il 7% del Mediterraneo)

B. ☐ Nella percentuale di specie che non si trovano in altri mari (il 15% dell'Antartide contro il 7% del Mediterraneo)

C. ☐ Nel numero di specie che non si trovano in altri mari (il Mediterraneo ne ha il 7% in meno rispetto all'Antartide)

D. ☐ Nel fatto che l'Antartide ha specie che non si trovano in altri mari mentre il Mediterraneo non ne ha

---

B11. L'espressione "rotte marine" (riga 31) si può sostituire con

A. ☐ percorsi di navi

B. ☐ tracce delle navi

C. ☐ scie nel mare

D. ☐ solchi del mare

B12. Qual è il problema principale che emerge dalle informazioni e dai dati presentati nel testo?

A. ☐ Il 70% delle specie negli abissi del Mediterraneo è ancora da scoprire

B. ☐ Il Mediterraneo è il mare più a rischio di perdere la propria biodiversità

C. ☐ Numerose specie di pesci rischiano l'estinzione a causa di una pesca senza limiti e senza regole

D. ☐ Il progetto di censimento dei mari rischia di non poter proseguire per mancanza di finanziamenti

---

B13. Quale tesi viene sostenuta nell'articolo a proposito del problema principale?

A. ☐ Occorre mangiare meno pesce ed evitare di acquistare quelle specie che sono a rischio di estinzione

B. ☐ È necessario difendere gli abissi del Mediterraneo dalle trivellazioni

C. ☐ Occorre trovare nuovi finanziatori che consentano al progetto Coml di proseguire

D. ☐ È necessario e urgente che si prendano provvedimenti seri per difendere il Mediterraneo e le specie animali che in esso vivono

B14. Quali delle affermazioni seguenti costituiscono argomentazioni a sostegno della tesi proposta?

Metti una crocetta per ogni riga.

	SÌ	NO
a) Il 70% delle specie che vivono negli abissi del Mediterraneo è ancora da scoprire: non possiamo permetterci di veder scomparire specie che ancora non conosciamo	☐	☐
b) Il Mediterraneo è superato dall'Antartide per la percentuale di specie che non si trovano in altri mari	☐	☐
c) Il 7% delle specie che vivono nel Mediterraneo non si trovano in altri mari	☐	☐
d) È necessario accrescere il numero e l'estensione delle aree marine protette	☐	☐

B15. Nella parte di testo dalla riga 36 alla riga 42, l'autore formula una serie di proposte per risolvere il problema.

a) Individua e sottolinea tutte le proposte.

b) Due di esse riguardano da vicino ciascuno di noi: quali sono?

....

....

....

B16. Qual è oggi la difficoltà di attuazione di questo progetto partito nel 2000?

A. ☐ Non ci sono sufficienti finanziamenti

B. ☐ Mancano gli studiosi

C. ☐ Non ci sono attrezzature

D. ☐ Non c'è più la volontà di approfondire

B17. Il termine "popolazione" può avere significati diversi: con quale dei seguenti è usato alla riga 49?

A. ☐ L'insieme degli abitanti di uno Stato

B. ☐ L'insieme degli abitanti di un determinato luogo

C. ☐ L'insieme degli animali o delle piante che vivono in un determinato luogo o ambiente

D. ☐ Un insieme di persone che hanno caratteristiche comuni

B18. Da quali dati elaborati dagli scienziati emerge quanto sia urgente continuare il censimento dei mari?

....

....

....

PROVA 6
PARTE SECONDA

GRAMMATICA

C1. Per ognuno dei nomi inseriti nella tabella indica se si tratta di una parola derivata o di una parola composta.

Metti una crocetta per ogni riga.

NOME	PAROLA DERIVATA	PAROLA COMPOSTA
a) esattezza	☐	☐
b) asciugamano	☐	☐
c) censimento	☐	☐
d) crittografia	☐	☐
e) ricercatore	☐	☐
f) vertebrato	☐	☐
g) ecosistema	☐	☐

C2. Nella frase «In quale libro il protagonista è uno scrittore?», la parola "quale" è

A. ☐ pronome interrogativo
B. ☐ aggettivo indefinito
C. ☐ aggettivo interrogativo
D. ☐ pronome esclamativo

C3. Indica la funzione grammaticale della parola "che" nelle seguenti frasi.
Metti una crocetta per ogni riga.

	SOGGETTO	COMPLEMENTO OGGETTO
a) Da vicino accolsi meglio l'unto di mandorla che usava a protezione	☐	☐
b) L'enigmistica addestra all'esattezza del vocabolo che deve corrispondere alla definizione	☐	☐
c) Livia ha letto a tutti la lettera che ha scritto al sindaco del paese in cui vive	☐	☐
d) Il primo censimento di tutti gli animali che vivono nei mari...	☐	☐

C4. Leggi il periodo: "Mentre facevo la compera si avvicinò anche lei, chiese lo stesso". Il verbo della frase subordinata (*facevo*) esprime, rispetto al verbo della frase principale (*si avvicinò*) un'azione che accade

A. ☐ contemporaneamente

B. ☐ successivamente

C. ☐ precedentemente

D. ☐ ripetutamente

C5. Indica quale delle frasi seguenti può essere volta al passivo.

A. ☐ Ci buttammo a nuoto con lunghe bracciate fino alla boa

B. ☐ Ci indicarono il percorso più lungo ma anche più sicuro

C. ☐ Tutte le mattine passava il vaporetto delle undici

D. ☐ Sulla spiaggia la ragazza leggeva a lungo senza distrarsi

---

C6. Scrivi qual è la categoria grammaticale di ciascuna delle parole sottolineate nelle seguenti frasi.

a) Leggo <u>tutto</u> ....

b) Leggeva <u>tutto</u> un libro in un giorno ....

c) Perché non stai con <u>loro</u>? ....

d) Non mi piacciono i <u>loro</u> giochi ....

C7. Nella frase "Non mi piacciono i loro giochi" qual è la funzione sintattica delle seguenti parole?

a) mi ....

b) i loro giochi ....

C8. In quale frase ci sono un complemento di mezzo e un complemento di specificazione?

A. ☐ Ho litigato con mio fratello per colpa tua

B. ☐ Con questo acquazzone non posso davvero uscire!

C. ☐ Con l'aiuto di Luisa farò prima

D. ☐ Con piacere ti aiuterò a finire il tuo lavoro

C9. Nel periodo "Se non li risolvevo non guardavo la soluzione pubblicata nel numero seguente" qual è la frase principale? Trascrivila.

....

C10. Nel periodo "Essendo molto povero, fu costretto a lavorare mentre frequentava il liceo" il verbo al modo gerundio introduce

A. ☐ una proposizione subordinata causale esplicita

B. ☐ una proposizione subordinata causale implicita

C. ☐ una proposizione subordinata temporale esplicita

D. ☐ una proposizione subordinata temporale implicita

C11. Leggi il seguente periodo:

"Se non ci arrivava, dopo un po', fingendo di aver pensato solo a quello, dicevo la parola."

Identifica le frasi subordinate che formano il periodo e riscrivile nello schema, una per ogni casella, tenendo conto delle loro relazioni.
Nella prima casella inserisci la principale.

a) ....

b) ....

c) ....

d) ....

C12. Riscrivi il seguente scambio di battute di dialogo rispettando le regole del discorso indiretto.

«Leggo libri gialli».
Come se fosse la più solita cosa risposi a bassa voce: «Lo so, porto gli stessi a mia nonna ogni domenica».

La ragazza disse ....

....

....

GRIGLIA DI AUTOCORREZIONE DELLA **PROVA 6**

PARTE PRIMA – TESTO A

Erri De Luca ▪ **Ricordo di un'estate**

DOMANDA	RISPOSTA CORRETTA	MIA RISPOSTA	AUTOVALUTAZIONE	
			POSITIVA	NEGATIVA
A1.	A. ☐ B. ☐ C. ☐ D. ☐	A. ☐ B. ☐ C. ☐ D. ☐	☐	☐
A2. a)	VERO ☐ FALSO ☐	VERO ☐ FALSO ☐	☐	☐
A2. b)	VERO ☐ FALSO ☐	VERO ☐ FALSO ☐	☐	☐
A2. c)	VERO ☐ FALSO ☐	VERO ☐ FALSO ☐	☐	☐
A2. d)	VERO ☐ FALSO ☐	VERO ☐ FALSO ☐	☐	☐
A3.	A. ☐ B. ☐ C. ☐ D. ☐	A. ☐ B. ☐ C. ☐ D. ☐	☐	☐
A4.	A. ☐ B. ☐ C. ☐ D. ☐	A. ☐ B. ☐ C. ☐ D. ☐	☐	☐
A5.	....	....	☐	☐
A6.	A. ☐ B. ☐ C. ☐ D. ☐	A. ☐ B. ☐ C. ☐ D. ☐	☐	☐
A7.	....	....	☐	☐
A8.	....	....	☐	☐
A9. a)	VERO ☐ FALSO ☐	VERO ☐ FALSO ☐	☐	☐
A9. b)	VERO ☐ FALSO ☐	VERO ☐ FALSO ☐	☐	☐
A9. c)	VERO ☐ FALSO ☐	VERO ☐ FALSO ☐	☐	☐
A9. d)	VERO ☐ FALSO ☐	VERO ☐ FALSO ☐	☐	☐
A9. e)	VERO ☐ FALSO ☐	VERO ☐ FALSO ☐	☐	☐
A10.	A. ☐ B. ☐ C. ☐ D. ☐	A. ☐ B. ☐ C. ☐ D. ☐	☐	☐

DOMANDA	RISPOSTA CORRETTA	MIA RISPOSTA	AUTOVALUTAZIONE	
			POSITIVA	NEGATIVA
A11.	A. ☐ B. ☐ C. ☐ D. ☐	A. ☐ B. ☐ C. ☐ D. ☐	☐	☐
A12.	....	....	☐	☐
A13.	....	....	☐	☐
A14.	A. ☐ B. ☐ C. ☐ D. ☐	A. ☐ B. ☐ C. ☐ D. ☐	☐	☐
A15. a)	....	....	☐	☐
A15. b)	....	....	☐	☐
A15. c)	....	....	☐	☐
A16.	A. ☐ B. ☐ C. ☐ D. ☐	A. ☐ B. ☐ C. ☐ D. ☐	☐	☐
A17. a)	....	....	☐	☐
A17. b)	....	....	☐	☐
A17. c)	....	....	☐	☐
A18. a)	....	....	☐	☐
A18. b)	....	....	☐	☐
A18. c)	....	....	☐	☐

DOMANDA	RISPOSTA CORRETTA	MIA RISPOSTA	AUTOVALUTAZIONE	
			POSITIVA	NEGATIVA
A19. a)	....	....	☐	☐
A19. b)	....	....	☐	☐
A19. c)	....	....	☐	☐
A20.	A. ☐ B. ☐ C. ☐ D. ☐	A. ☐ B. ☐ C. ☐ D. ☐	☐	☐

TOTALE RISPOSTE CORRETTE	
TOTALE RISPOSTE SBAGLIATE/NON DATE	

PARTE PRIMA – TESTO B

Simona Falasca ▪ **Il censimento dei mari**

DOMANDA	RISPOSTA CORRETTA	MIA RISPOSTA	AUTOVALUTAZIONE	
			POSITIVA	NEGATIVA
B1.	A. ☐ B. ☐ C. ☐ D. ☐	A. ☐ B. ☐ C. ☐ D. ☐	☐	☐
B2.	A. ☐ B. ☐ C. ☐ D. ☐	A. ☐ B. ☐ C. ☐ D. ☐	☐	☐
B3.	....	....	☐	☐
B4. a)	A. ☐ B. ☐ C. ☐ D. ☐	A. ☐ B. ☐ C. ☐ D. ☐	☐	☐
B4. b)	A. ☐ B. ☐ C. ☐ D. ☐	A. ☐ B. ☐ C. ☐ D. ☐	☐	☐
B5.	....	....	☐	☐
B6.	....	....	☐	☐

DOMANDA	RISPOSTA CORRETTA	MIA RISPOSTA	AUTOVALUTAZIONE	
			POSITIVA	NEGATIVA
B7.	A. ☐ B. ☐ C. ☐ D. ☐	A. ☐ B. ☐ C. ☐ D. ☐	☐	☐
B8.	....	....	☐	☐
B9. a)	VERO ☐ FALSO ☐	VERO ☐ FALSO ☐	☐	☐
B9. b)	VERO ☐ FALSO ☐	VERO ☐ FALSO ☐	☐	☐
B9. c)	VERO ☐ FALSO ☐	VERO ☐ FALSO ☐	☐	☐
B9. d)	VERO ☐ FALSO ☐	VERO ☐ FALSO ☐	☐	☐
B9. e)	VERO ☐ FALSO ☐	VERO ☐ FALSO ☐	☐	☐
B9. f)	VERO ☐ FALSO ☐	VERO ☐ FALSO ☐	☐	☐
B10.	A. ☐ B. ☐ C. ☐ D. ☐	A. ☐ B. ☐ C. ☐ D. ☐	☐	☐
B11.	A. ☐ B. ☐ C. ☐ D. ☐	A. ☐ B. ☐ C. ☐ D. ☐	☐	☐
B12.	A. ☐ B. ☐ C. ☐ D. ☐	A. ☐ B. ☐ C. ☐ D. ☐	☐	☐
B13.	A. ☐ B. ☐ C. ☐ D. ☐	A. ☐ B. ☐ C. ☐ D. ☐	☐	☐
B14. a)	SÌ ☐ NO ☐	SÌ ☐ NO ☐	☐	☐
B14. b)	SÌ ☐ NO ☐	SÌ ☐ NO ☐	☐	☐
B14. c)	SÌ ☐ NO ☐	SÌ ☐ NO ☐	☐	☐
B14. d)	SÌ ☐ NO ☐	SÌ ☐ NO ☐	☐	☐
B15. a)	....	....	☐	☐
B15. b)	....	....	☐	☐
B16.	A. ☐ B. ☐ C. ☐ D. ☐	A. ☐ B. ☐ C. ☐ D. ☐	☐	☐
B17.	A. ☐ B. ☐ C. ☐ D. ☐	A. ☐ B. ☐ C. ☐ D. ☐	☐	☐

DOMANDA	RISPOSTA CORRETTA	MIA RISPOSTA	AUTOVALUTAZIONE	
			POSITIVA	NEGATIVA
B18.	....	....	☐	☐

TOTALE RISPOSTE CORRETTE	
TOTALE RISPOSTE SBAGLIATE/NON DATE	

PARTE SECONDA **Grammatica**

DOMANDA	RISPOSTA CORRETTA	MIA RISPOSTA	AUTOVALUTAZIONE	
			POSITIVA	NEGATIVA
C1. a)	DERIVATA ☐ COMPOSTA ☐	DERIVATA ☐ COMPOSTA ☐	☐	☐
C1. b)	DERIVATA ☐ COMPOSTA ☐	DERIVATA ☐ COMPOSTA ☐	☐	☐
C1. c)	DERIVATA ☐ COMPOSTA ☐	DERIVATA ☐ COMPOSTA ☐	☐	☐
C1. d)	DERIVATA ☐ COMPOSTA ☐	DERIVATA ☐ COMPOSTA ☐	☐	☐
C1. e)	DERIVATA ☐ COMPOSTA ☐	DERIVATA ☐ COMPOSTA ☐	☐	☐
C1. f)	DERIVATA ☐ COMPOSTA ☐	DERIVATA ☐ COMPOSTA ☐	☐	☐
C1. g)	DERIVATA ☐ COMPOSTA ☐	DERIVATA ☐ COMPOSTA ☐	☐	☐
C2.	A. ☐ B. ☐ C. ☐ D. ☐	A. ☐ B. ☐ C. ☐ D. ☐	☐	☐
C3. a)	SOGGETTO ☐ COMPLEMENTO OGGETTO ☐	SOGGETTO ☐ COMPLEMENTO OGGETTO ☐	☐	☐
C3. b)	SOGGETTO ☐ COMPLEMENTO OGGETTO ☐	SOGGETTO ☐ COMPLEMENTO OGGETTO ☐	☐	☐
C3. c)	SOGGETTO ☐ COMPLEMENTO OGGETTO ☐	SOGGETTO ☐ COMPLEMENTO OGGETTO ☐	☐	☐
C3. d)	SOGGETTO ☐ COMPLEMENTO OGGETTO ☐	SOGGETTO ☐ COMPLEMENTO OGGETTO ☐	☐	☐

DOMANDA	RISPOSTA CORRETTA	MIA RISPOSTA	AUTOVALUTAZIONE	
			POSITIVA	NEGATIVA
C4.	A. ☐ B. ☐ C. ☐ D. ☐	A. ☐ B. ☐ C. ☐ D. ☐	☐	☐
C5.	A. ☐ B. ☐ C. ☐ D. ☐	A. ☐ B. ☐ C. ☐ D. ☐	☐	☐
C6. a)	....	....	☐	☐
C6. b)	....	....	☐	☐
C6. c)	....	....	☐	☐
C6. d)	....	....	☐	☐
C7. a)	....	....	☐	☐
C7. b)	....	....	☐	☐
C8.	A. ☐ B. ☐ C. ☐ D. ☐	A. ☐ B. ☐ C. ☐ D. ☐	☐	☐
C9.	....	....	☐	☐
C10.	A. ☐ B. ☐ C. ☐ D. ☐	A. ☐ B. ☐ C. ☐ D. ☐	☐	☐
C11. a)	....	....	☐	☐
C11. b)	....	....	☐	☐
C11. c)	....	....	☐	☐
C11. d)	....	....	☐	☐
C12.	....	....	☐	☐

TOTALE RISPOSTE CORRETTE

TOTALE RISPOSTE SBAGLIATE/NON DATE

VALUTAZIONE DELL'INSEGNANTE	
	Competenza testuale ....
	Competenza grammaticale ....

PARTE PRIMA – TESTO A

I parenti artisti

I parenti viennesi trascorrevano le loro giornate al suono della musica. Le sei ragazze suonavano a turno il violino e il pianoforte, il violoncello e il clarinetto. E nei ritagli di tempo, tra un esercizio musicale e l'altro, si dedicavano alla danza. La casa a un piano nel quartiere di Hietzing risuonava sempre delle melodie, degli strilli e dei canti delle fanciulle. Nelle tre stanze di quell'edificio cadente vivevano dieci persone: le sei ragazze, i genitori, l'unico figlio maschio, poi caduto in guerra, e Marie, l'anziana domestica, già vecchia trent'anni prima, la quale si lamentava continuamente dei suoi dolori alle gambe e cucinava per tutta la famiglia, strascicando i piedi nella cucina umida e buia. Dietro la casa si estendeva un giardino lungo e stretto. Sotto i noci c'era un tavolo circondato da alcune panchine, dove i numerosi componenti della famiglia bivaccavano dalla primavera all'autunno inoltrato. Quello era il posto preferito di Franz, il padre, che faceva il pittore: se ne stava lì dalla mattina alla sera con i capelli al vento, una cravatta a fiocco al collo, gli occhiali inforcati e il pennello e la tavolozza nelle mani, studiando accigliato la tela sul cavalletto e tendendo l'orecchio al suono del violino o del pianoforte che arrivava dalle finestre aperte...

La loro vita trascorreva senza il becco di un quattrino; in quella famiglia solo occasionalmente ci si occupava di denaro. La copertura delle piccole, trascurabili spese per l'abbigliamento, l'educazione e il nutrimento di sette figli, l'occorrente per le tele, i pennelli e i tubetti di colore dello zio, i mezzi per le varie cose di cui non si poteva fare a meno – affitto, medici e medicine, abiti e libri – tutto ciò era lasciato al caso, affidato al destino misericordioso. Erano troppo presi dalla musica e dall'«arte» per trovare il tempo di guadagnare quattrini.

Lo zio dipingeva senza sosta. Dipinse le sei figlie e la moglie a tutte le età, dipinse la casa e il giardino, e poi gli edifici pubblici di Vienna, ritrasse i parenti – anche con l'aiuto di fotografie – rappresentò le stagioni, fissò sulla tela ogni mazzo di fiori grazioso che gli capitò sotto gli occhi, immortalò la cantina e la soffitta. Lo zio aveva un tratto delicato, stendeva i colori con mano leggera, aveva occhio per il gioco di luce e ombra, disponeva armoniosamente gli oggetti e le persone, tanto che a prima vista si aveva l'impressione di trovarsi di fronte a opere perfette, firmate da un grande maestro. Solo a un esame più accurato, ci si rendeva conto che a quei dipinti mancava qualcosa. Ed era proprio lui che mancava, lo zio. Era talmente modesto e discreto che non si azzardò mai a far sentire la sua presenza in ciò che dipingeva. Era un artista, ma non ebbe mai l'ultima parola.

Ogni tanto, il vecchio pittore gettava il pennello per impugnare a sua volta uno strumento musicale – aveva un orecchio infallibile ed era un valente violoncellista, ma sapeva suonare anche tutti gli altri strumenti – oppure andava a sedersi al tavolo, tirava fuori la penna, l'inchiostro e qualche foglio di pergamena e si metteva a limare il manoscritto di una delle sue tragedie storiche in cinque atti.

Vivevano davvero come uccelli, in condizioni incredibilmente modeste. Passavano il tempo cinguettando nella loro casa, in attesa di essere baciati dalla sorte. Ogni tanto una delle ragazze lasciava il nido e volava per il mondo in cerca di fortuna, prendeva marito o seguiva per un po', a tempo di valzer, il richiamo di una passione repentina. Poi, finito il matrimonio o spentesi le note del valzer, tornava nella casa di Hietzing. Allora Marie, ormai arrivata a un'età biblica, sistemava un letto a ribalta nella stanza del pianoforte o nella veranda chiusa, e la fuggitiva riprendeva il suo posto sotto il dissestato tetto paterno, dove instancabilmente le ragazze continuavano a suonare e lo zio a dipingere. Con il loro canto, i loro quadri, la loro musica, con il loro modo di vivere, la povertà piena di grazia ed eleganza, impersonavano la misura e il ritmo della Vienna leggera e spumeggiante, profumata e armoniosa.

Tre delle ragazze diventarono ballerine e danzarono in tutto il mondo – naturalmente a passo di valzer, e senza mai perdere una battuta. Intanto il vecchio se ne stava davanti al suo cavalletto, ritraeva i modelli superstiti e nel contempo litigava con Róza, la madre dei suoi figli. Litigarono ininterrottamente per cinquant'anni, fermandosi un attimo a riprendere fiato durante i festeggiamenti delle loro nozze d'argento e più tardi di quelle d'oro, per poi subito ricominciare da capo.

Un osservatore esterno avrebbe avuto non poche difficoltà a comprendere lo stato d'animo che regnava in quella famiglia, i cui membri erano animati dall'impellente, irreprimibile bisogno di esprimersi; la sublime ossessione della vocazione artistica si era impossessata delle loro menti e del loro sistema nervoso, sicché il pennello, la penna e l'archetto non erano altro che i mezzi, tutti ugualmente idonei, per esternare e celebrare l'armonia di ordine superiore cui si erano votati: «l'arte».

In questo ambiente esaltato e febbrile, Róza, fosca e litigiosa *mater familias*, andava continuamente su e giù tra l'appartamento e la cucina, cercava di mettere un poco d'ordine nello scompiglio generale che inevitabilmente regna là dove sei ragazze non hanno altro per la testa che la musica e l'amore. Senza dubbio partecipava anche lei, a modo suo, a quel tempestoso attivismo creativo: aveva pur partorito sette creature, mentre a suo parere le opere del marito – i drammi e quei dipinti che non trovavano acquirenti – avevano un peso alquanto trascurabile. Róza raccoglieva con rabbia tutto ciò che gli altri lasciavano in giro: denaro, indumenti, ma anche i tubetti dei colori vuoti, i pennelli consunti del marito e rifiuti di ogni genere... In quella famiglia dedita alla musica, colma di esuberanza creativa, lei era la prudenza, l'ordine e l'oculatezza, la pignola, ansiosa e terrena coscienza di tutti. E all'ora di cena, quando il resto della famiglia usciva trasognato dal suo delirio musicale tornando a mettere i piedi per terra, Róza e Marie comparivano sulla soglia, e posavano sul tavolo da operetta alcuni vassoi con panini imburrati, caffè leggero e salumi, dopodiché attaccavano a recitare, alla maniera del coro nelle tragedie classiche, gli ultimi pettegolezzi del mercato. E così vissero felici e contenti.

(Tratto da: Sándor Márai, *Confessioni di un borghese*, Adelphi)

A1. Dov'è ambientata la vicenda? Trascrivi le due indicazioni geografiche presenti nel testo.

....

A2. La prima sequenza del testo (righe 1-16) dà un primo panorama sulla famiglia e sul luogo in cui vive. Quali tra le seguenti caratteristiche sono vere e quali sono false?
Metti una crocetta per ogni riga.

	VERO	FALSO
a) Oltre alla musica, le ragazze si dedicavano alla pittura	☐	☐
b) Vivevano tutti in una casa a tre piani	☐	☐
c) Il padre, di nome Franz, faceva il pittore	☐	☐
d) Oltre a genitori e figli c'era anche un'anziana domestica	☐	☐
e) Era predominante il suono del pianoforte	☐	☐

A3. La parola "bivaccavano" indica che, quando il clima lo permetteva, la famiglia usava il giardino per

A. ☐ dormire all'aperto
B. ☐ campeggiare
C. ☐ trascorrere le giornate
D. ☐ sostare a tratti

A4. L'espressione "senza il becco di un quattrino" corrisponde a

A. ☐ non interessarsi al denaro
B. ☐ non avere neanche un soldo
C. ☐ non avere preoccupazioni riguardo ai soldi
D. ☐ non parlare mai di denaro

A5. Alle righe 17-23, quando l'autore descrive l'atteggiamento della famiglia nei confronti del denaro, fa uso di un tono

A. ☐ di decisa condanna
B. ☐ di aperto disprezzo
C. ☐ fortemente sarcastico
D. ☐ affettuosamente ironico

A6. I quadri del pittore sembravano perfetti (righe 27-34): che cosa mancava?

A. ☐ La personalità

B. ☐ L'armonia

C. ☐ Il colore

D. ☐ La firma

A7. La descrizione dello zio pittore si conclude con un'efficace espressione figurata, che sintetizza la modestia e la discrezione del personaggio. Trascrivila.

....

A8. Alla riga 40, l'autore afferma che i parenti "Vivevano davvero come uccelli". La similitudine prosegue nelle righe successive, con l'uso di tre parole legate al significato di questa espressione. Individuale e trascrivile.

....

A9. La parola "repentina" (riga 44) significa

A. ☐ graduale

B. ☐ improvvisa

C. ☐ intensa

D. ☐ dolorosa

A10. Chi era la "fuggitiva" di cui si parla alla riga 47?

A. ☐ La domestica Marie

B. ☐ Una delle donne di casa

C. ☐ Una delle sorelle

D. ☐ La madre delle ragazze

A11. Il "dissestato tetto paterno" (riga 47) è

A. ☐ la casa paterna, in cattive condizioni economiche

B. ☐ la casa paterna, con il tetto mal ridotto

C. ☐ il riparo instabile offerto dalla casa paterna

D. ☐ il posto che il padre aveva scelto per dipingere

A12. Nelle righe 49-51 quattro aggettivi si riferiscono a Vienna e insieme al modo di vivere dei parenti. Trascrivili.

....

A13. A chi si riferisce l'autore, alla riga 54, con l'espressione "i modelli superstiti"? Completa la spiegazione.

I modelli superstiti erano i componenti della .... che non

erano ....

A14. Come si può definire la vita matrimoniale di Franz e Róza?

A. ☐ Breve e tempestosa

B. ☐ Fredda e distaccata

C. ☐ Polemica ma duratura

D. ☐ Lunga ma indifferente

A15. Il bisogno di esprimersi è "impellente" e "irreprimibile" (riga 61), cioè

A. ☐ fastidioso e incontrollabile

B. ☐ pressante e inarrestabile

C. ☐ sgradevole e insuperabile

D. ☐ prepotente e impossibile

A16. Quali strumenti sono citati (righe 61-65) per simboleggiare la dedizione all'arte dei parenti viennesi? Trascrivili usando le parole del testo.

....

A17. Alla riga 65, la parola "votati" significa

A. ☐ eletti

B. ☐ scelti

C. ☐ dediti

D. ☐ approvati

A18. In base alla descrizione (righe 66-77), sottolinea tra i seguenti aggettivi quelli che si possono attribuire a Róza, la madre di famiglia.

esuberante • collerica • creativa • prudente • ordinata • coscienziosa • litigiosa • superficiale • attenta • disordinata • concreta • fantasiosa

---

A19. Il testo si può dividere in diverse sequenze narrativo-descrittive. Individua e scrivi le righe del testo corrispondenti a ciascuna delle seguenti brevi sintesi, date in disordine.

SINTESI SEQUENZE	RIGHE
a) Lo zio pittore	dalla .... alla ....
b) Presentazione famiglia e casa	dalla .... alla ....
c) Ritratto di Róza	dalla .... alla ....
d) Il matrimonio di Róza e Franz	dalla .... alla ....
e) Lo zio, un artista a tutto campo	dalla .... alla ....
f) Il rapporto con il denaro	dalla .... alla ....
g) Uno stile di vita armonioso	dalla .... alla ....
h) Una vita votata all'arte	dalla .... alla ....

A20. Nei confronti della famiglia di artisti, l'autore si mostra ammirato, ironico, stupito. Indica a quale stato d'animo corrisponde ciascuna frase del testo.

Metti una crocetta per ogni riga.

FRASI DEL TESTO	AMMIRAZIONE	IRONIA	STUPORE
a) Vivevano... in condizioni incredibilmente modeste	☐	☐	☐
b) aveva un orecchio infallibile ed era un valente violoncellista	☐	☐	☐
c) la copertura delle piccole, trascurabili spese per l'abbigliamento, l'educazione e il nutrimento di sette figli...	☐	☐	☐
d) ... Marie, ormai arrivata a un'età biblica, sistemava un letto a ribalta...	☐	☐	☐
e) la povertà piena di grazia e di eleganza	☐	☐	☐

Un'ora per la Terra.
Ma ogni giorno

Non c'è molto da dire e da ricordare sull'importanza dell'*Earth Day*. Tutti i media hanno dedicato articoli, reportage, inchieste sullo stato del nostro Pianeta. Gli ultimi rapporti internazionali poi delineano un quadro catastrofico se non si inciderà a fondo: gli sconvolgimenti climatici non si fermeranno se non si invertirà la rotta, determinata soprattutto dalla crescente sovrappopolazione.

Perciò insisto su un tasto: ognuno di noi può e deve fare qualcosa, ogni giorno, per migliorare lo stato delle cose. Ma questo è possibile solo attraverso una crescita del senso di responsabilità come cittadini del mondo. Purtroppo, nella vita quotidiana, ci scontriamo invece con l'inciviltà, la mancanza di rispetto per quello che abbiamo, l'indifferenza verso i problemi ambientali che noi provochiamo con uno stile di vita a volte inconsapevole, a volte menefreghista. Il vero nemico da combattere oggi e sempre è la nostra inciviltà.

Oggi la mia "buona azione" l'ho già compiuta non usando per diverse ore Internet. Consumando dunque meno energia del solito. Ma c'è ancora tempo per celebrare l'ora della Terra, l'*Earth Hour*, promossa dal WWF che si appella a tutti cittadini affinché spengano le luci, appunto per un'ora.

La manifestazione non richiede un grandissimo impegno, e più che altro ha un valore simbolico nella lotta per un futuro sostenibile e contro l'aggravarsi dei cambiamenti climatici. La realtà è che ogni giorno dovremmo dedicare parte del nostro tempo ai problemi del Pianeta. Che conosciamo benissimo, perché non mancano le informazioni sulle sue condizioni, sempre più preoccupanti. Quello che manca, o è parecchio insufficiente, è il comportamento virtuoso, per trasformare la nostra vita da consumistica a consapevole del fatto che ogni nostra azione, ogni nostro gesto può avere conseguenze in negativo e in positivo.

Va ricordato sempre che questa consapevolezza è diffusa solo tra una minoranza di italiani. Nella maggior parte siamo disinteressati rispetto a un nuovo, diverso modo di vivere, che si basa soprattutto sul rispetto verso l'ambiente, la natura, le altre specie, anche verso i nostri simili.

Dunque c'è molto cammino da fare, però tutti possiamo essere "difensori della Terra". Iniziando, per chi non lo è già, oggi stesso a risparmiare energia e ridurre la nostra "impronta". Come avverrà stasera in numerose città italiane. E anche nello Stato del Vaticano, dove alle 20,30 si spegneranno le luci della facciata e della Cupola di San Pietro.

(Tratto e adattato da: Guglielmo Pepe,
in «National Geographic Italia», 22 aprile 2014)

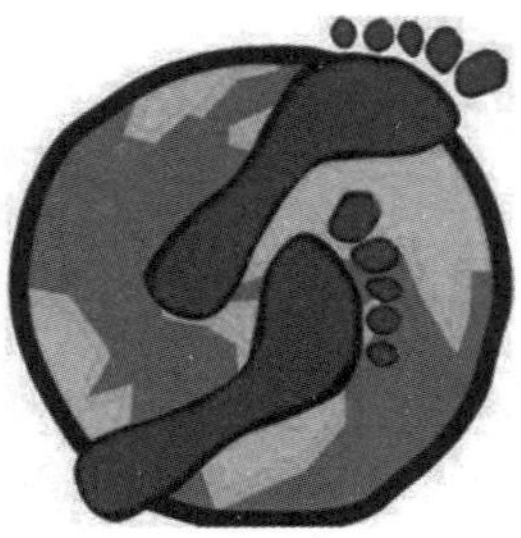

L'IMPRONTA ECOLOGICA

L'impronta ecologica, misurata in ettari, indica la quantità di Terra che servirebbe a ognuno di noi per sostenere tutti i nostri consumi e per assorbire i nostri rifiuti.

In altre parole, il metodo di misurazione consente di attribuire, sulla base dei dati statistici di ogni Paese e delle organizzazioni internazionali, un'impronta ecologica di un certo numero di ettari globali pro capite come consumo di territorio biologicamente produttivo.

Il WWF utilizza dal 2000 il metodo di calcolo dell'impronta ecologica nel suo rapporto biennale *Living Planet Report*. Secondo i calcoli più recenti l'impronta ecologica dell'umanità è di 2,2 ettari globali pro capite, mentre quella dell'Italia è di 4,2 ettari (il territorio italiano mette a disposizione circa 1,14 ettari a testa). Soprattutto nei Paesi ricchi occorre ridurre il nostro peso sull'ambiente e sulle risorse del pianeta: dobbiamo cioè ridurre la nostra impronta ecologica, il nostro peso sulla Terra. Altrimenti, di questo passo, nel 2030 ci sarà bisogno delle risorse di due Terre.

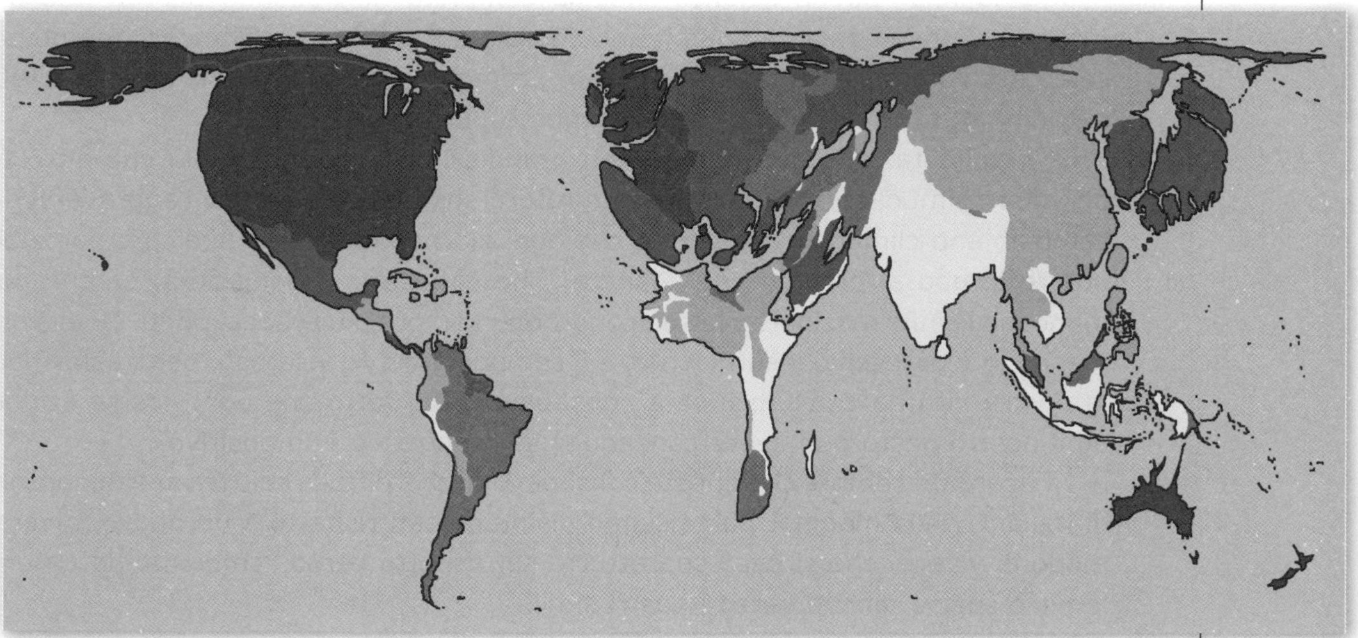

Impronta ecologica nel mondo (*Living Planet Report*, WWF)

La dimensione di ogni Paese è proporzionale all'impronta ecologica totale del Paese stesso.
I colori indicano l'impronta ecologica per abitante.

- più di 5,4 ettari a persona
- da 5,4 a 3,6 ettari a persona
- da 3,6 a 1,8 ettari a persona
- da 1,8 a 0,9 ettari a persona
- meno di 0,9 ettari a persona
- dati insufficienti

Si tratta di un planisfero molto deformato: i Paesi che consumano di più sono più gonfi della realtà, mentre quelli che consumano di meno sono più smilzi.

– L'Italia è al 29° posto, con 4,2 ettari per persona di impronta.

– Stati Uniti, Canada, Giappone hanno consumi molto alti.

– L'Africa, così smilza, ha un peso davvero basso.

B1. **Con la prima frase dell'articolo, l'autore afferma che**

A. ☐ non c'è bisogno di spiegare che l'Earth Day è poco importante

B. ☐ non intende parlare affatto di quanto l'Earth Day sia importante

C. ☐ c'è poco da aggiungere per ribadire che l'Earth Day è importante

D. ☐ non si deve ricordare il significato dell'Earth Day

B2. **Nell'espressione «se non si inciderà a fondo» (righe 3-4) il verbo "incidere" significa**

A. ☐ intagliare

B. ☐ agire

C. ☐ imprimere

D. ☐ scolpire

B3. **Quale espressione viene usata nel primo capoverso con il significato di "cambiare completamente il modo di comportarsi"?**

....

B4. **Si ha il fenomeno della "sovrappopolazione" (riga 5) quando**

A. ☐ la popolazione supera il miliardo di persone

B. ☐ la popolazione è eccessiva in rapporto alle risorse

C. ☐ la popolazione aumenta troppo nell'arco di un anno

D. ☐ la popolazione di un luogo aumenta troppo velocemente

B5. **Alla riga 6, la parola "tasto" si potrebbe sostituire con**

A. ☐ punto

B. ☐ tassello

C. ☐ tocco

D. ☐ leva

B6. Secondo quanto affermato nell'articolo, distingui tra i seguenti i comportamenti positivi e quelli negativi.

Metti una crocetta per ogni riga.

COMPORTAMENTO	POSITIVO	NEGATIVO
a) Sprecare energia elettrica	☐	☐
b) Consumare più acqua dello stretto necessario	☐	☐
c) Risparmiare ogni giorno un po' di energia	☐	☐
d) Ridurre il proprio impatto ambientale	☐	☐
e) Agire in modo incurante del rispetto ambientale	☐	☐

B7. Nel secondo capoverso, l'autore lancia un messaggio importante. Indicalo tra i seguenti.

A. ☐ È troppo tardi per intervenire sui cambiamenti climatici del Pianeta

B. ☐ Non è più possibile cambiare l'atteggiamento delle persone nei confronti del Pianeta

C. ☐ Anche in modo inconsapevole si può contribuire alla salute del Pianeta

D. ☐ Tutti hanno la possibilità e il dovere di migliorare la salute del Pianeta

---

B8. Contro che cosa si deve lottare, ogni giorno? Rispondi con le parole del testo.

....

B9. In che cosa consiste l'Earth Hour?

Si tratta di ....

....

B10. Alla riga 18, l'aggettivo "sostenibile" significa

A. ☐ che è compatibile con gli sconvolgimenti climatici

B. ☐ che è compatibile con la difesa dell'ambiente

C. ☐ che ha dei costi che si possono affrontare

D. ☐ che si deve adeguare a consumi sempre più alti

B11. **A quale "consapevolezza" si fa riferimento alla riga 25? Individua e trascrivi le parole del capoverso precedente che lo spiegano.**

....

....

B12. **Nella frase «Iniziando, per chi non lo è già, oggi stesso a risparmiare energia» (riga 30) a che cosa si riferisce "lo"?**

....

B13. **Secondo te, si può affermare che il contenuto dell'articolo è sintetizzato nel titolo? Indica e motiva la tua scelta.**

☐ SÌ, perché ....

....

....

☐ NO, perché ....

....

....

B14. **Sulla base della definizione di impronta ecologica, quali tra i seguenti fattori possono entrare nel calcolo dell'impronta individuale di una persona?**

Metti una crocetta per ogni riga.

	SÌ	NO
a) La frequenza d'uso dell'auto	☐	☐
b) Il tipo di letture preferite	☐	☐
c) Il numero di sacchi di spazzatura	☐	☐
d) L'acquisto di prodotti locali	☐	☐
e) La quantità di acqua usata ogni giorno	☐	☐
f) La misura delle proprie scarpe	☐	☐

B15. Perché la conclusione del testo si lega a quanto viene spiegato nel riquadro? Completa con le parole del testo.

Nell'ultimo capoverso dell'articolo si dice che dobbiamo iniziare a ....

...., termine che poi viene spiegato in modo approfondito nel riquadro.

B16. Individua nel riquadro i dati sull'impronta ecologica dell'Italia.

a) È più alta o più bassa della media mondiale? ....

b) Questo significa che l'italiano medio consuma di meno o di più di quello che potrebbe/dovrebbe? ....

B17. Osserva il planisfero. Per quale motivo i continenti risultano così deformati rispetto alla loro reale estensione?

A. ☐ È un planisfero tematico sull'impronta ecologica: le aree dove si consuma di più dovrebbero essere più estese, nelle altre basterebbe meno terra

B. ☐ È un planisfero tematico sulla storia dei continenti: ci sono aree che un tempo erano accorpate in modo diverso ed erano più o meno estese di oggi

C. ☐ È un planisfero tematico sulla densità della popolazione: sono più larghe le aree dove c'è un numero maggiore di abitanti, mentre sono più piccole quelle con meno abitanti

D. ☐ È un planisfero tematico che rappresenta l'impronta ecologica: le aree dove il consumo è maggiore sono più gonfie, quelle dove si consuma di meno sono più magre

---

B18. Metti a confronto l'articolo con il breve testo nel riquadro.

a) Le conclusioni sono simili o diverse? ....

b) In sintesi, i due testi ci forniscono diverse informazioni, ma entrambi hanno anche l'intento di

A. ☐ presentare la questione dell'aumento demografico

B. ☐ chiarire alcuni termini di difficile comprensione

C. ☐ far riflettere sul rapporto consumi-risorse

D. ☐ dare indicazioni per ridurre la popolazione

PROVA 7
PARTE SECONDA

GRAMMATICA

C1. **In ognuna delle seguenti frasi il segno dei due punti (:) è usato ogni volta con una funzione diversa.**
Leggi sotto la tabella le funzioni che i due punti possono avere, poi scegli e scrivi accanto a ciascuna frase il numero della funzione corrispondente.

FRASI DEL TESTO	FUNZIONE DEI DUE PUNTI
a) Perciò insisto su un tasto: ognuno di noi può e deve fare qualcosa, ogni giorno, per migliorare lo stato delle cose	....
b) Nelle tre stanze vivevano dieci persone: le sei ragazze, i genitori, l'unico figlio maschio e Marie, l'anziana domestica...	....
c) Gli ultimi rapporti internazionali poi delineano un quadro catastrofico se non si inciderà a fondo: gli sconvolgimenti climatici non si fermeranno se non si invertirà la rotta, determinata soprattutto dalla crescente sovrappopolazione	....

FUNZIONE 1: I due punti introducono una spiegazione
FUNZIONE 2: I due punti introducono un messaggio
FUNZIONE 3: I due punti introducono un discorso diretto
FUNZIONE 4: I due punti introducono un elenco

C2. **Scrivi il soggetto della frase seguente:**
"A un esame accurato, in quei dipinti mancava qualcosa"

....

C3. **A quale categoria grammaticale appartengono le parole sottolineate?**

a) sette miliardi di esseri umani ....

b) nascita del settemiliardesimo cittadino ....

C4. **Quale delle seguenti frasi ha il verbo di forma passiva?**

A. ☐ Sono arrivato fin qui di corsa

B. ☐ Non sono corso fin qui per nulla

C. ☐ Sono colpito dalle tue parole

D. ☐ Ieri sono stato poco bene

C5. Leggi le seguenti frasi e indica se la parola "loro" è pronome personale o aggettivo possessivo.

Metti una crocetta per ogni riga.

	PRONOME PERSONALE	AGGETTIVO POSSESSIVO
a) Ho dato loro tutte le informazioni richieste	☐	☐
b) Li ho chiamati ma loro non mi hanno risposto	☐	☐
c) Videro il loro istruttore in palestra e lo salutarono	☐	☐
d) Vedi quei ragazzi? Uno di loro è mio cugino	☐	☐

C6. Leggi attentamente la seguente voce di dizionario.

> **impronta** [**im-prón-ta**], **s.f.**, der. di *improntare*, «segnare con impronte»
> **1.** segno, traccia che rimane su una superficie su cui è stato premuto qualcosa; **2.** fig. segno caratteristico, traccia evidente; **3.** modello per la riproduzione di forme in rilievo o in incavo (per es., *impronta dentaria*).
> **S** orma (nel significato 1); segno, marchio (nel significato 2); calco (nel significato 3).

Ora indica a quale significato fa riferimento la parola "impronta" in ciascuna delle seguenti frasi.

Metti una crocetta per ogni riga.

	SIGNIFICATO		
	1	2	3
a) Prima di mettere l'apparecchio, mi hanno preso l'impronta dei denti	☐	☐	☐
b) Si vedevano molte impronte di passi sulla neve del sentiero	☐	☐	☐
c) Il romanzo rivela chiaramente l'impronta del suo autore	☐	☐	☐
d) Subito dopo l'arresto, gli presero le impronte digitali	☐	☐	☐

C7. Nel periodo «Ci si chiede quando la Terra scoppierà» la parola "quando" introduce una proposizione

A. ☐ interrogativa indiretta

B. ☐ condizionale esplicita

C. ☐ relativa implicita

D. ☐ temporale esplicita

C8. Per ogni espressione nella prima colonna, scegli la spiegazione corretta fra le due proposte.

Metti una crocetta per ogni riga.

	SPIEGAZIONE	
	1	2
a) un'impronta	☐ L'apostrofo è scorretto perché non c'è niente da elidere, cioè da cancellare	☐ L'apostrofo è corretto perché c'è elisione, cioè cancellazione, della **-a** di **una**
b) un imprenditore	☐ L'apostrofo manca ma ci vorrebbe perché c'è elisione, cioè cancellazione, della **-o** di **uno**	☐ L'apostrofo manca perché non c'è niente da elidere, cioè da cancellare
c) un'illustratore	☐ L'apostrofo è scorretto perché non c'è niente da elidere, cioè da cancellare	☐ L'apostrofo è corretto perché c'è elisione, cioè cancellazione, della **-o** di **uno**
d) un immagine	☐ L'apostrofo manca ma ci vorrebbe perché c'è elisione, cioè cancellazione, della **-a** di **una**	☐ L'apostrofo manca perché non c'è niente da elidere, cioè da cancellare

C9. Leggi il seguente periodo:

"L'impronta ecologica indica la quantità di Terra che servirebbe a ognuno di noi per sostenere tutti i nostri consumi e per assorbire i nostri rifiuti".

Identifica le frasi subordinate e coordinate che formano il periodo e riscrivile nello schema, una per ogni casella, tenendo conto delle loro relazioni. Nella prima casella trascrivi la principale.

a) ....
....
....

b) ....
....

c) ....
....

d) ....
....

GRIGLIA DI AUTOCORREZIONE DELLA **PROVA 7**

PARTE PRIMA – TESTO A

Sándor Márai ▪ **I parenti artisti**

DOMANDA	RISPOSTA CORRETTA	MIA RISPOSTA	AUTOVALUTAZIONE	
			POSITIVA	NEGATIVA
A1.	....	....	☐	☐
A2. a)	VERO ☐ FALSO ☐	VERO ☐ FALSO ☐	☐	☐
A2. b)	VERO ☐ FALSO ☐	VERO ☐ FALSO ☐	☐	☐
A2. c)	VERO ☐ FALSO ☐	VERO ☐ FALSO ☐	☐	☐
A2. d)	VERO ☐ FALSO ☐	VERO ☐ FALSO ☐	☐	☐
A2. e)	VERO ☐ FALSO ☐	VERO ☐ FALSO ☐	☐	☐
A3.	A. ☐ B. ☐ C. ☐ D. ☐	A. ☐ B. ☐ C. ☐ D. ☐	☐	☐
A4.	A. ☐ B. ☐ C. ☐ D. ☐	A. ☐ B. ☐ C. ☐ D. ☐	☐	☐
A5.	A. ☐ B. ☐ C. ☐ D. ☐	A. ☐ B. ☐ C. ☐ D. ☐	☐	☐
A6.	A. ☐ B. ☐ C. ☐ D. ☐	A. ☐ B. ☐ C. ☐ D. ☐	☐	☐
A7.	....	....	☐	☐
A8.	....	....	☐	☐
A9.	A. ☐ B. ☐ C. ☐ D. ☐	A. ☐ B. ☐ C. ☐ D. ☐	☐	☐
A10.	A. ☐ B. ☐ C. ☐ D. ☐	A. ☐ B. ☐ C. ☐ D. ☐	☐	☐
A11.	A. ☐ B. ☐ C. ☐ D. ☐	A. ☐ B. ☐ C. ☐ D. ☐	☐	☐
A12.	....	....	☐	☐
A13.	....	....	☐	☐
A14.	A. ☐ B. ☐ C. ☐ D. ☐	A. ☐ B. ☐ C. ☐ D. ☐	☐	☐
A15.	A. ☐ B. ☐ C. ☐ D. ☐	A. ☐ B. ☐ C. ☐ D. ☐	☐	☐

DOMANDA	RISPOSTA CORRETTA	MIA RISPOSTA	AUTOVALUTAZIONE	
			POSITIVA	NEGATIVA
A16.	....	....	☐	☐
A17.	A. ☐ B. ☐ C. ☐ D. ☐	A. ☐ B. ☐ C. ☐ D. ☐	☐	☐
A18.	....	....	☐	☐
A19. a)	....	....	☐	☐
A19. b)	....	....	☐	☐
A19. c)	....	....	☐	☐
A19. d)	....	....	☐	☐
A19. e)	....	....	☐	☐
A19. f)	....	....	☐	☐
A19. g)	....	....	☐	☐
A19. h)	....	....	☐	☐
A20. a)	AMMIRAZIONE ☐ IRONIA ☐ STUPORE ☐	AMMIRAZIONE ☐ IRONIA ☐ STUPORE ☐	☐	☐
A20. b)	AMMIRAZIONE ☐ IRONIA ☐ STUPORE ☐	AMMIRAZIONE ☐ IRONIA ☐ STUPORE ☐	☐	☐
A20. c)	AMMIRAZIONE ☐ IRONIA ☐ STUPORE ☐	AMMIRAZIONE ☐ IRONIA ☐ STUPORE ☐	☐	☐
A20. d)	AMMIRAZIONE ☐ IRONIA ☐ STUPORE ☐	AMMIRAZIONE ☐ IRONIA ☐ STUPORE ☐	☐	☐
A20. e)	AMMIRAZIONE ☐ IRONIA ☐ STUPORE ☐	AMMIRAZIONE ☐ IRONIA ☐ STUPORE ☐	☐	☐

TOTALE RISPOSTE CORRETTE	
TOTALE RISPOSTE SBAGLIATE/NON DATE	

PARTE PRIMA – TESTO B

Guglielmo Pepe ▪ **Un'ora per la Terra. Ma ogni giorno**

DOMANDA	RISPOSTA CORRETTA	MIA RISPOSTA	AUTOVALUTAZIONE	
			POSITIVA	NEGATIVA
B1.	A. ☐ B. ☐ C. ☐ D. ☐	A. ☐ B. ☐ C. ☐ D. ☐	☐	☐
B2.	A. ☐ B. ☐ C. ☐ D. ☐	A. ☐ B. ☐ C. ☐ D. ☐	☐	☐
B3.	....	....	☐	☐
B4.	A. ☐ B. ☐ C. ☐ D. ☐	A. ☐ B. ☐ C. ☐ D. ☐	☐	☐
B5.	A. ☐ B. ☐ C. ☐ D. ☐	A. ☐ B. ☐ C. ☐ D. ☐	☐	☐
B6. a)	POSITIVO ☐ NEGATIVO ☐	POSITIVO ☐ NEGATIVO ☐	☐	☐
B6. b)	POSITIVO ☐ NEGATIVO ☐	POSITIVO ☐ NEGATIVO ☐	☐	☐
B6. c)	POSITIVO ☐ NEGATIVO ☐	POSITIVO ☐ NEGATIVO ☐	☐	☐
B6. d)	POSITIVO ☐ NEGATIVO ☐	POSITIVO ☐ NEGATIVO ☐	☐	☐
B6. e)	POSITIVO ☐ NEGATIVO ☐	POSITIVO ☐ NEGATIVO ☐	☐	☐
B7.	A. ☐ B. ☐ C. ☐ D. ☐	A. ☐ B. ☐ C. ☐ D. ☐	☐	☐
B8.	....	....	☐	☐
B9.	....	....	☐	☐
B10.	A. ☐ B. ☐ C. ☐ D. ☐	A. ☐ B. ☐ C. ☐ D. ☐	☐	☐
B11.	....	....	☐	☐
B12.	....	....	☐	☐

DOMANDA	RISPOSTA CORRETTA	MIA RISPOSTA	AUTOVALUTAZIONE	
			POSITIVA	NEGATIVA
B13.	....	....	☐	☐
B14. a)	SÌ ☐ NO ☐	SÌ ☐ NO ☐	☐	☐
B14. b)	SÌ ☐ NO ☐	SÌ ☐ NO ☐	☐	☐
B14. c)	SÌ ☐ NO ☐	SÌ ☐ NO ☐	☐	☐
B14. d)	SÌ ☐ NO ☐	SÌ ☐ NO ☐	☐	☐
B14. e)	SÌ ☐ NO ☐	SÌ ☐ NO ☐	☐	☐
B14. f)	SÌ ☐ NO ☐	SÌ ☐ NO ☐	☐	☐
B15.	....	....	☐	☐
B16. a)	....	....	☐	☐
B16. b)	....	....	☐	☐
B17.	A. ☐ B. ☐ C. ☐ D. ☐	A. ☐ B. ☐ C. ☐ D. ☐	☐	☐
B18. a)	....	....	☐	☐
B18. b)	A. ☐ B. ☐ C. ☐ D. ☐	A. ☐ B. ☐ C. ☐ D. ☐	☐	☐

TOTALE RISPOSTE CORRETTE

TOTALE RISPOSTE SBAGLIATE/NON DATE

PARTE SECONDA **Grammatica**

DOMANDA	RISPOSTA CORRETTA	MIA RISPOSTA	AUTOVALUTAZIONE	
			POSITIVA	NEGATIVA
C1. a)	....	....	☐	☐
C1. b)	....	....	☐	☐
C1. c)	....	....	☐	☐
C2.	....	....	☐	☐

DOMANDA	RISPOSTA CORRETTA	MIA RISPOSTA	AUTOVALUTAZIONE	
			POSITIVA	NEGATIVA
C3. a)	....	....	☐	☐
C3. b)	....	....	☐	☐
C4.	A. ☐ B. ☐ C. ☐ D. ☐	A. ☐ B. ☐ C. ☐ D. ☐	☐	☐
C5. a)	PR. PERS. ☐ AGG. POSS. ☐	PR. PERS. ☐ AGG. POSS. ☐	☐	☐
C5. b)	PR. PERS. ☐ AGG. POSS. ☐	PR. PERS. ☐ AGG. POSS. ☐	☐	☐
C5. c)	PR. PERS. ☐ AGG. POSS. ☐	PR. PERS. ☐ AGG. POSS. ☐	☐	☐
C5. d)	PR. PERS. ☐ AGG. POSS. ☐	PR. PERS. ☐ AGG. POSS. ☐	☐	☐
C6. a)	SIGNIFICATO 1 ☐ 2 ☐ 3 ☐	SIGNIFICATO 1 ☐ 2 ☐ 3 ☐	☐	☐
C6. b)	SIGNIFICATO 1 ☐ 2 ☐ 3 ☐	SIGNIFICATO 1 ☐ 2 ☐ 3 ☐	☐	☐
C6. c)	SIGNIFICATO 1 ☐ 2 ☐ 3 ☐	SIGNIFICATO 1 ☐ 2 ☐ 3 ☐	☐	☐
C6. d)	SIGNIFICATO 1 ☐ 2 ☐ 3 ☐	SIGNIFICATO 1 ☐ 2 ☐ 3 ☐	☐	☐
C7.	A. ☐ B. ☐ C. ☐ D. ☐	A. ☐ B. ☐ C. ☐ D. ☐	☐	☐
C8. a)	SPIEGAZIONE 1 ☐ 2 ☐	SPIEGAZIONE 1 ☐ 2 ☐	☐	☐
C8. b)	SPIEGAZIONE 1 ☐ 2 ☐	SPIEGAZIONE 1 ☐ 2 ☐	☐	☐
C8. c)	SPIEGAZIONE 1 ☐ 2 ☐	SPIEGAZIONE 1 ☐ 2 ☐	☐	☐
C8. d)	SPIEGAZIONE 1 ☐ 2 ☐	SPIEGAZIONE 1 ☐ 2 ☐	☐	☐
C9. a)	....	....	☐	☐
C9. b)	....	....	☐	☐
C9. c)	....	....	☐	☐
C9. d)	....	....	☐	☐

TOTALE RISPOSTE CORRETTE	
TOTALE RISPOSTE SBAGLIATE/NON DATE	

VALUTAZIONE DELL'INSEGNANTE	Competenza testuale	....
	Competenza grammaticale	....

PARTE PRIMA – TESTO A

Le due bandiere

Bertrando era nato e cresciuto in un paese che si chiamava Lantania e che aveva una bandiera bellissima, diversa da tutte le altre: su un fondo viola vivo si stagliava un ovale arancione, e in questo campeggiava un vulcano, verde in basso e bianco di neve in alto, sormontato da un pennacchio di fumo.

Nel paese di Bertrando non c'erano vulcani; però ce n'era uno nel paese confinante, la Gunduwia, con cui la Lantania era da secoli in guerra aperta o comunque in un rapporto di ostilità.

In tutte le scuole di Lantania si insegnava che l'annessione del vulcano da parte dei gunduwi era stata un'impresa banditesca, e che il primo dovere di ogni lantano era quello di odiare la Gunduwia con tutte le sue forze, e di prepararsi alla guerra inevitabile e desiderabile, che avrebbe piegato l'arroganza gunduwica e riconquistato il vulcano. Che questo vulcano devastasse ogni tre o quattro anni decine di villaggi, e ogni anno provocasse terremoti disastrosi, non aveva importanza: lantanico era e lantanico doveva tornare.

Del resto, come non odiare un paese come la Gunduwia? I lantani erano gente rissosa e discorde, si accapigliavano o si accoltellavano fra loro per minime divergenze di opinione, ma sul fatto che la Gunduwia fosse un paese di cialtroni e di prepotenti erano tutti d'accordo.

Quanto poi alla loro bandiera, li rappresentava perfettamente: più brutta non avrebbe potuto essere, era piatta e sciocca, goffa come colori e come disegno. Niente più che un disco bruno in campo giallo: una bandiera rozza e volgare. I gunduwi dovevano essere proprio degli imbecilli per averla scelta, e per bagnarla del loro sangue quando morivano in battaglia. Inoltre, erano notoriamente avari e dissipatori, lussuriosi e bacchettoni, temerari e codardi.

Bertrando era un giovane dabbene, rispettoso delle leggi e delle tradizioni, e la sola vista della bandiera del suo paese gli faceva correre per le vene un'onda di fierezza e d'orgoglio. La combinazione di quei tre nobili colori, verde, arancio e viola, quando a volte li riconosceva tutti in un prato di primavera, lo rendeva forte e felice.

Per contro, fin dalla più lontana infanzia, fin da quando aveva memoria, il giallo e il marrone gunduwici gli erano sgraditi: fastidiosi se separati, odiosi fino alla nausea se accostati. Bertrando era un ragazzo sensibile ed emotivo, e la vista della bandiera nemica lo metteva di malumore e gli provocava prurito alla nuca e ai gomiti, salivazione intensa e qualche vertigine.

Una volta, a un concerto, si era trovato vicino a una ragazza graziosa che portava una camicetta gialla e una gonna marrone; Bertrando aveva dovuto alzarsi e allontanarsi e, poiché altri posti a sedere non c'erano, assistere al concerto in piedi; se non fosse stato piuttosto timido, a quella ragazza avrebbe detto quello che si meritava. A Bertrando piacevano le albicocche e le nespole, ma le mangiava a occhi chiusi per evitare il disgusto del nocciolo bruno che spiccava nella polpa giallognola.

Effetti simili esercitava su Bertrando anche il suono della lingua gunduwica, che era aspro, gutturale, quasi inarticolato. Gli sembrava scandaloso che in alcune scuole di Lantania fosse insegnata la lingua nemica, e che addirittura ci fossero accademici che ne studiavano le origini e ne traducevano la letteratura. Eppure c'era stato un professore che aveva preteso di dimostrare che il lantanico e il gunduwico discendevano da una stessa lingua, estinta da tremila anni, documentata da alcune iscrizioni tombali. Assurdo, o meglio insopportabile. Ci sono cose che *non possono* essere vere, che vanno ignorate, taciute, sepolte.

Ora avvenne che, dopo lunghe trattative segrete, i presidenti dei due paesi resero noto che in primavera si sarebbero incontrati. Dopo un silenzio imbarazzato, il quotidiano lantanico cominciò a lasciar filtrare materiale inconsueto: fotografie della capitale gunduwa con la sua imponente cattedrale e i bei giardini; immagini di bambini gunduwi ben pettinati, con gli occhi ridenti. E finalmente si seppe che, nello stadio della capitale lantanica, si sarebbe svolto un incontro di calcio tra le due squadre campioni.

Bertrando fu tra i primi a precipitarsi a comprare il biglietto d'ingresso. All'ora stabilita l'arbitro fischiò l'inizio e nello stesso istante le due bandiere, per la prima volta affiancate, sventolarono gloriosamente.

Bertrando si sentì correre lungo il filo della schiena un brivido gelido e rovente: i suoi occhi mentivano, non potevano trasmettergli quel doppio messaggio, quel sì-no impossibile, lacerante. Provò insieme ribrezzo e amore, in una mistura che lo avvelenava. Sentì contrarsi tutti i suoi muscoli, dolorosamente. Gli si serrarono le mascelle come per tetano e cadde come un blocco di legno.

(Tratto e adattato da: Primo Levi, *L'ultimo Natale di guerra*, Einaudi)

A1. Il racconto è ambientato in un luogo

A. ☐ reale e sono narrate vicende verosimili

B. ☐ reale ma sono narrate vicende di fantasia

C. ☐ inventato ma sono narrate vicende verosimili

D. ☐ inventato e sono narrate vicende di fantasia

A2. Rifletti sul ruolo del protagonista e del narratore della vicenda e rispondi.

a) Chi è il protagonista del racconto? ....

b) La vicenda è narrata in 1ª o in 3ª persona? ....

c) Il narratore è esterno o interno? ....

d) Chi narra questa vicenda? ....

A3. Gran parte della vicenda è narrata secondo il punto di vista di un abitante della Lantania, anche se soprattutto nella prima parte è facile scorgere il punto di vista dell'autore. Distingui e indica il punto di vista di ciascuna delle seguenti affermazioni.

Metti una crocetta per ogni riga.

	ABITANTE DELLA LANTANIA	AUTORE DEL RACCONTO
a) Che questo vulcano devastasse ogni tre o quattro anni decine di villaggi, e ogni anno provocasse terremoti disastrosi, non aveva importanza (12-14)	☐	☐
b) Del resto, come non odiare un paese come la Gunduwia? (15)	☐	☐
c) aveva una bandiera bellissima, diversa da tutte le altre (2)	☐	☐

A4. Nella frase «su un fondo viola vivo si stagliava un ovale arancione» l'espressione "si stagliava" (riga 3) significa

A. ☐ si profilava in modo irregolare

B. ☐ si delineava in modo nitido

C. ☐ si profilava in modo approssimato

D. ☐ si delineava in modo grossolano

A5. Al centro della bandiera della Lantania era disegnato un vulcano perché

A. ☐ al centro del territorio della Lantania si ergeva un vulcano che ne era divenuto il simbolo

B. ☐ la bandiera della Lantania in questo modo era più bella e appariscente rispetto alle altre

C. ☐ i lantani erano gelosi fin dai tempi remoti del vulcano della Gunduwia e avrebbero voluto conquistarlo

D. ☐ secondo la tradizione, il vulcano dei gunduwi apparteneva ai lantani, che lo avrebbero voluto riconquistare

A6. **Nella prima parte del racconto la Gunduwia viene descritta come un paese "da odiare" (righe 8-24).**
Indica quali fra le seguenti ragioni sono portate dai lantani per giustificare il loro odio nei confronti dei gunduwi.

Metti una crocetta per ogni riga.

	SÌ	NO
a) I gunduwi si erano appropriati del vulcano comportandosi da briganti	☐	☐
b) I gunduwi erano cialtroni e aggressivi	☐	☐
c) I gunduwi erano rozzi, goffi e sciocchi	☐	☐
d) I gunduwi erano, tra l'altro, tirchi e vigliacchi	☐	☐
e) I bambini dei gunduwi avevano gli occhi ridenti	☐	☐
f) I gunduwi si accoltellavano fra loro per minime divergenze di opinione	☐	☐

A7. **I lantani erano un popolo sostanzialmente pacifico e avevano sentimenti aggressivi soltanto nei confronti del popolo confinante? Completa soltanto la scelta che ritieni corretta, trascrivendo anche le parole del testo che ti forniscono la risposta.**

☐ SÌ, perché ....

....

....

☐ NO, perché ....

....

....

A8. **Le opinioni dei lantani circa la bandiera e i comportamenti dei gunduwi sono ridicole e contraddittorie. Per quali motivi? Indica le due risposte corrette.**

a) Sono ridicole

A. ☐ per quanto riguarda la bandiera, perché la scelta dei colori è solo una questione di gusto personale

B. ☐ perché i lantani accusavano i gunduwi di essere sciocchi e astuti, rozzi e raffinati allo stesso tempo

b) Sono contraddittorie

A. ☐ per quanto riguarda la bandiera, perché anche nella bandiera dei lantani c'era abbondanza di giallo

B. ☐ perché istigano a odiare i gunduwi per comportamenti che sono l'uno il contrario dell'altro

A9. Scegli e collega correttamente ciascun sinonimo all'aggettivo corrispondente, usato dall'autore nel testo (righe 23-24).

a) avari	1 viziosi
b) dissipatori	2 imprudenti
c) lussuriosi	3 tirchi
d) bacchettoni	4 vigliacchi
e) temerari	5 coraggiosi
f) codardi	6 moralisti
	7 spreconi
	8 generosi

A10. Bertrando "era un giovane dabbene" (riga 25): secondo quale punto di vista?

A. ☐ Secondo il punto di vista dei gunduwi

B. ☐ Secondo il punto di vista dei lantani

C. ☐ Secondo il punto di vista dell'autore

D. ☐ Secondo il suo punto di vista personale

A11. Ciò che Bertrando sentiva vedendo i colori delle bandiere (righe 26-34) gli provocava

A. ☐ reazioni fisiche di dolore o piacere

B. ☐ emozioni strane mai provate prima

C. ☐ cambiamenti di umore improvvisi

D. ☐ reazioni fisiche e cambiamenti di umore

A12. Che cosa intende l'autore con la frase "se non fosse stato piuttosto timido, a quella ragazza avrebbe detto quello che si meritava" (righe 38-39)?

A. ☐ Se non fosse stato parecchio timido, Bertrando le avrebbe detto quanto era graziosa

B. ☐ Se non fosse stato parecchio timido, le avrebbe detto che i suoi vestiti avevano dei brutti colori

C. ☐ Se non fosse stato parecchio timido, l'avrebbe accusata di essersi vestita con i colori gunduwici

D. ☐ Se non fosse stato parecchio timido, l'avrebbe accusata di avergli fatto assistere al concerto in piedi

A13. Quali caratteristiche aveva la lingua gunduwica? Fai riferimento alle righe 42-49 e indica quali affermazioni sono vere e quali false.

Metti una crocetta per ogni riga.

	VERO	FALSO
a) aveva una risonanza rauca, di gola	☐	☐
b) assomigliava al miagolio di un gatto	☐	☐
c) era insegnata in Lantania in tutte le scuole	☐	☐
d) era insegnata in Lantania in qualche scuola	☐	☐
e) proveniva da un ceppo comune alla lingua lantanica	☐	☐

A14. Perché alla riga 49 l'espressione "non possono" è scritta in corsivo?

A. ☐ Per riportare quello che gli studiosi pensavano riguardo alla lingua

B. ☐ Per dimostrare che Bertrando aveva ragione a non credere agli studiosi

C. ☐ Per sottolineare che Bertrando non vuole neppure lontanamente credere a un'ipotesi che gli sembra insopportabile

D. ☐ Per sottolineare l'inconsistenza delle convinzioni di Bertrando, che non possono avere fondamento

---

A15. Le immagini pubblicate sul quotidiano della Lantania erano "inconsuete" (riga 52) perché

A. ☐ davano un'idea positiva della Gunduwia

B. ☐ raffiguravano eleganti edifici con verdi parchi

C. ☐ riguardavano soprattutto i bambini

D. ☐ erano strane e scandalose

A16. Quale fatto aveva scatenato la reazione di Bertrando descritta nelle ultime righe del racconto?

....

A17. La parola "contrarsi" (riga 63) si può sostituire con

A. ☐ rilassarsi

B. ☐ affaticarsi

C. ☐ irrigidirsi

D. ☐ controllarsi

A18. Quale "mistura", alla fine, aveva avvelenato Bertrando?

A. ☐ Un misto di incredulità: lui sapeva che non era possibile che gli abitanti dei due paesi si incontrassero pacificamente

B. ☐ L'insieme degli opposti, gelo e calore, amore e repulsione, accettazione e rifiuto di ciò a cui stava assistendo

C. ☐ La fusione dei colori delle bandiere, che da sempre lo facevano stare male provocandogli nausea e brividi

D. ☐ L'insieme delle reazioni fisiche causate da quanto stava vedendo, che lo facevano congelare e arroventare

---

A19. Con quali similitudini l'autore spiega il modo in cui Bertrando reagisce dopo il fischio di inizio della partita?

a) ....

b) ....

A20. Con questo racconto, l'autore ha inteso

A. ☐ narrare una vicenda di fantasia prendendo spunto da fatti storici

B. ☐ narrare una vicenda storica inserendo protagonisti di fantasia

C. ☐ far comprendere come il fanatismo di chi nutre cieco odio nei confronti degli altri, senza conoscerli, conduca sempre a esiti negativi

D. ☐ far comprendere come l'incapacità di controllare le proprie reazioni fisiche conduca inevitabilmente a una brutta fine

PARTE PRIMA – TESTO B

Camminare, elisir di lunga vita

Meglio un peccato di gola che indulgere all'ozio. Tra i due sentieri che portano a una lunga vita, quello dell'attività fisica è più efficace di quello della dieta, purché sia percorso a passo svelto e per almeno 75 minuti alla settimana. A tanto infatti ammonta l'esercizio fisico capace di regalare 1,8 anni in più alla nostra vita. Camminando per 450 minuti nell'arco di sette giorni (poco più di un'ora al giorno) si può arrivare ancora più lontano, guadagnando 4 anni e mezzo al tempo che ci sarebbe stato assegnato se fossimo rimasti fermi.

E purché l'esercizio fisico sia stato abbondante, anche permettersi uno stravizio a tavola è concesso. I ricercatori del *Brigham and Women's Hospital* di Boston e di Harvard che si sono dedicati a quantificare i benefici dello sport, infatti, hanno messo a confronto sportivi più o meno in regola con la bilancia. Ne è emerso che un individuo attivo, anche se leggermente sovrappeso, vive in media 3,1 anni in più rispetto a un magro sedentario. Il divario più ampio in termini di età raggiunta si ha quando si confronta uno sportivo magro con un ozioso obeso: ben 7,2 anni di differenza nella durata della vita. «L'esercizio regolare allunga la sopravvivenza in tutti i gruppi che abbiamo preso in considerazione: persone che mantengono la linea, in sovrappeso e perfino obese» ha commentato Steven Moore, una degli autori della ricerca.

Il ruolo benefico dell'attività fisica è tanto grande da uguagliare quasi quello negativo del fumo. In passato è stato infatti calcolato che l'abitudine della sigaretta toglie in media dieci anni di vita. E una ricerca svolta dal Karolinska Institutet di Stoccolma, pubblicata ad agosto sul *British Medical Journal*, aveva individuato fra i fattori che allontanano la vecchiaia una vita sociale intensa, hobby, lavori casalinghi e volontariato. Messi insieme allo sport, questi fattori possono allungare la vita di un ottantacinquenne di altri quattro anni.

Anche limitandosi alla sola ricerca di Harvard, costi e benefici dell'attività fisica possono essere soppesati. Se camminare 75 minuti a settimana, ovvero 65 ore all'anno (poco più di 2 giorni e mezzo) basta a guadagnare quasi due anni di vita, il gioco sembra valere la candela. Anche perché i ricercatori americani hanno calcolato i benefici di un'attività fisica piacevole e rilassante come il camminare a passo svelto, in cui il fiato basta a sostenere una conversazione ma non a cantare, secondo la definizione tecnica. Se lo sport prescelto è invece classificato come "vigoroso" (non si riescono a pronunciare più di poche parole), i vantaggi in termini di vita allungata si raggiungerebbero molto prima. Nelle raccomandazioni degli Istituti Nazionali per la Salute americani, infatti, le 2,5 ore a settimana di camminata rapida consigliate per mantenersi in forma equivalgono a 1,25 ore di esercizio intenso.

Anche se basati su un campione molto ampio (650mila persone con almeno 40 anni di età, seguite per un lasso di tempo che arriva fino a 40 anni), i dati di Harvard sono comunque frutto di un'elaborazione statistica, e vanno dunque considerati *cum grano salis*. Tutte le informazioni su attività fisica svolta e durata della vita sono state ricavate da sei grandi studi (5 americani e uno svedese

FACSIMILE

Ministero dell'Istruzione dell'Università e della Ricerca

ESAME DI STATO

Anno scolastico 2013-2014

PROVA NAZIONALE

Prova di Italiano

Scuola Secondaria di primo grado

Classe Terza

Fascicolo 1

Classe: ...

Studente: ...

A cura di
Istituto Nazionale per la Valutazione del Sistema Educativo di Istruzione e di Formazione

INVALSI

Prova di Italiano - Fascicolo 1

Prova nazionale di italiano (Esame di Stato) a.s. 2013-2014

PARTE PRIMA – TESTO A

Nella casa vicino al mare

Capoverso

Dopo la partenza di mio padre, noi tre e la mamma eravamo andati a stare dai nonni paterni, in una grande casa dove abitava un mucchio di gente, alcuni dell'età dei miei genitori e poi una piccola folla di cugini e cugine. Era una modesta casa di periferia che aveva però l'innegabile pregio di essere poco distante dal mare; per questo potevo vedere l'andirivieni delle navi e la luce del faro mi faceva compagnia dall'imbrunire all'alba. Il viaggio in bicicletta fino alla punta del promontorio durava all'incirca un quarto d'ora e mi offriva la vista di quel miscuglio di meraviglie e miserie che sono le città portuali di tutto il mondo, ma ancora di più quelle della costa mediterranea dell'Africa. Palazzi candidi, testimoni di un'ostentata eleganza coloniale, ora condomini per benestanti o sedi di uffici, si alternavano a edifici moderni del centro. Sui marciapiedi la gente andava e veniva per i fatti suoi, donne velate camminavano fianco a fianco con donne vestite all'europea, impiegati in giacca e cravatta sfioravano vecchi venditori di frutta con il carretto tirato dall'asino, vicini nello spazio ma separati da una crepa del tempo. Dalla parte opposta a quella da cui arrivavo io c'era la distesa delle raffinerie, delle fabbriche, gli impianti per il gas, il porto, ma non mi avventuravo mai fin là con la mia piccola bicicletta, non avrei saputo che farci e poi m'incuteva anche un po' di paura. Dopo la visita al faro, riprendevo la via di casa: man mano che mi avvicinavo al nostro sobborgo, le costruzioni apparivano più povere e le rare automobili erano sgangherate. Non si vedevano più tanti giardini e fontane, e nemmeno le sedie dei caffè. Le porte dei modesti edifici calcinati dal sole ricordavano le valve di un mollusco, socchiuse a proteggere l'ombra di piccole botteghe. L'immobilità polverosa sussurrava di un deserto invisibile eppure presente, con il suo respiro di drago. 1

Nel pomeriggio, quando studiavo, in casa c'erano soprattutto donne, e fra queste mia madre. Mio fratello grande aveva trovato un lavoro provvisorio e mia sorella, che era più piccola di me e aveva meno compiti, era a giocare con la folla di cugini e cugine. Io amavo starmene in disparte, magari a leggere, e spesso rifiutavo gli inviti dei coetanei. Quando poi, stanco di star solo, avrei voluto andare con gli altri ragazzini, loro non mi volevano più, offesi dalle mie arie da intellettuale. Se cercavo di partecipare ai loro giochi, non sempre ero accettato e, quando finalmente mi accoglievano, per un po' dovevo subire scherzi e prese in giro. Ho capito in ritardo che quel che li infastidiva non era tanto il fatto che io volessi diventare un uomo istruito, quanto piuttosto che mi dessi delle arie per questo. Allora ci soffrivo parecchio, ma in fondo mi ha fatto anche bene. 2

L'estate sanciva una tregua ai nostri bisticci, arrivava la vacanza, avevamo da giocare a pallone, da fare i bagni e da pescare con ridicoli retini e lenze di spago. Dalle finestre di casa il mare si vedeva e impiegavamo pochi minuti per arrivarci. La strada attraversava cespugli ruvidi e canneti, ma quando mettevamo i piedi a bagno, l'acqua tra gli scogli ci sorprendeva con i suoi turchesi e i suoi blu, identici a quelli della moschea di Sidi Ali Eddib. Ma con la fine dell'estate la distanza riappariva, e si fece più forte nel momento in cui io solo di tutta la tribù mi iscrissi alle scuole secondarie a indirizzo classico. 3

Mi ritrovai sbalzato in un'altra realtà, quasi un altro mondo, in mezzo a ragazzi provenienti da famiglie facoltose che mi guardavano come un appestato. 4

Ai tempi dell'infanzia di mio padre, la classe dirigente era soltanto francese. In cinquant'anni le cose sono cambiate, oggi esistono gli algerini ricchi, con i loro figli viziati e capricciosi, come quelli di tutto il resto del mondo. 5

Capove[rso]

Una volta, nei bagni, esasperato dalle offese per le mie origini modeste, me la presi con **6**
il figlio di un ingegnere e gli citai *La peste* di Albert Camus[1], nemmeno mi ricordo quanto a proposito, ma mi era piaciuto farlo. Rimasi colpito scoprendo che un ragazzo ricco, un ragazzo che aveva tanto tempo libero e tanti soldi per comprarsi tutti i libri del mondo, non avesse voglia di leggere e d'imparare, che addirittura non avesse mai sentito parlare di quello scrittore. Dopo la sorpresa, provai una specie di felicità che scacciò l'arrabbiatura e ora ricordo quella storia soltanto per la gioia che provai. Avevo capito che è il buon uso dell'intelletto e non il denaro a far la differenza tra gli uomini.

Una cosa mi manca di allora: studiavo con la finestra aperta, qualche volta una brezza **7**
faceva sollevare e scorrere le pagine del libro che avevo davanti e quella brezza aveva l'odore del mare. Quando sono libero dal lavoro, vado a camminare sulla spiaggia e respiro profondamente, cercando di ritrovare quell'odore, ma mi sembra che questo Mediterraneo profumi in un altro modo, e alla gola mi sale un nodo spinoso, difficile da sciogliere.

(Tratto da: Cristina Rava, *Un mare di silenzio*, Garzanti, Milano 2012)

---

[1] Famoso scrittore (1913 – 1960), nato in Algeria quando questa era una colonia della Francia e non aveva ancora conquistato la sua indipendenza, ottenuta nel 1962. Era discendente da una famiglia francese che si era trasferita nel Paese africano nell'Ottocento. *La Peste* è il titolo del suo romanzo più celebre.

L1408A0100

A1. **In quale Paese è ambientata la vicenda narrata nel testo?**

....

L1408A0200

A2. **I fatti si svolgono nel periodo post-coloniale, come si può capire da due frasi del testo. Riportane una.**

....

....

L1408A0300

A3. **Quale di queste espressioni non è un sinonimo di "all'imbrunire" (riga 5)?**

A. ☐ Al crepuscolo

B. ☐ Al tramonto

C. ☐ Sul far della sera

D. ☐ A notte fonda

L1408A0400

A4. **Che cosa si vuole mettere in evidenza nella descrizione di ciò che il protagonista vede durante "il viaggio" in bicicletta (righe 5-13)?**

A. ☐ La coesistenza di aspetti in contrasto fra loro

B. ☐ La bellezza delle città portuali di tutto il mondo

C. ☐ La varietà delle persone che affollano le strade

D. ☐ L'eleganza e la modernità degli edifici del centro

L1408A0500

A5. L'espressione "vicini nello spazio ma separati da una crepa del tempo" (righe 12-13) significa che i passanti

A. ☐ si muovono nello stesso spazio, alcuni rapidamente e altri lentamente

B. ☐ sono fisicamente vicini ma non comunicano fra loro

C. ☐ percorrono le stesse strade ma è come se vivessero in epoche diverse

D. ☐ condividono gli stessi luoghi ma hanno ritmi di vita differenti

---

L1408A06A0 - L1408A06B0 - L1408A06C0 - L1408A06D0 - L1408A06E0

A6. Nella descrizione del sobborgo dove abita il protagonista (righe 16-21) sono presenti espressioni che hanno un significato letterale ed espressioni che hanno un significato figurato. Distinguile.

Metti una crocetta per ogni riga.

Espressioni	**Significato letterale**	**Significato figurato**
a) Non si vedevano più tanti giardini	☐	☐
b) Le automobili erano sgangherate	☐	☐
c) Con il suo respiro di drago	☐	☐
d) L'immobilità polverosa sussurrava di un deserto invisibile	☐	☐
e) Le costruzioni apparivano più povere	☐	☐

L1408A0700

A7. Quale delle seguenti frasi descrive meglio il comportamento del protagonista?

A. ☐ È presuntuoso e si dà delle arie, trattando i compagni con sufficienza

B. ☐ Alterna momenti in cui apprezza la solitudine ad altri in cui ricerca la compagnia dei coetanei

C. ☐ Rifiuta i compagni perché si prendono gioco di lui

D. ☐ È talmente impegnato nella lettura e nello studio che non trova il tempo per giocare con i coetanei

L1408A0800

A8. Che cosa dà fastidio ai compagni nel comportamento del protagonista?

A. ☐ Il fatto che si atteggi a intellettuale

B. ☐ Il suo desiderio di diventare un uomo colto

C. ☐ Il fatto che non accetti i loro inviti

D. ☐ Il suo amore per la lettura

L1408A0900

A9. Alle righe 30-31 si legge "Allora ci soffrivo parecchio". A che cosa si riferisce "ci"?

Al fatto di ....

....

L1408A1000

A10. La frase "L'estate sanciva una tregua ai nostri bisticci" (riga 32) significa

A. ☐ d'estate litigavamo per motivi diversi

B. ☐ d'estate non avevamo più tempo per bisticciare fra noi

C. ☐ d'estate ponevamo temporaneamente fine ai nostri litigi

D. ☐ d'estate facevamo un accordo tra noi

L1408A1100

A11. A che cosa si riferisce la "distanza" di cui si parla alla riga 37?

A. ☐ Alla lontananza della nuova scuola dal sobborgo dove vive il protagonista

B. ☐ Alla differenza tra la precedente esperienza scolastica del protagonista e la nuova

C. ☐ Alla diversità di comportamenti e di aspirazioni tra il protagonista e i compagni

D. ☐ Al profondo distacco tra l'infanzia e l'adolescenza del protagonista

---

L1408A1200

A12. Quale parola è usata nel testo per indicare il gruppo dei coetanei che il protagonista lascia quando va alla scuola secondaria?

....

L1408A1300

A13. L'aggettivo "facoltoso" (riga 40) significa

A. ☐ che ha frequentato una facoltà universitaria
B. ☐ che ha larghe disponibilità finanziarie
C. ☐ che ha la facoltà di prendere decisioni importanti
D. ☐ che ha raggiunto la fama e la notorietà

L1408A1400

A14. Quando il protagonista va alla scuola secondaria si assiste a un rovesciamento delle parti nella relazione con i coetanei. Infatti

A. ☐ prima era lui a sentirsi superiore ai coetanei, ora è lui a essere emarginato
B. ☐ prima era lui a farsi gioco dei compagni, ora è lui a essere offeso
C. ☐ prima era lui a essere molto ricco, ora è il più povero della scuola
D. ☐ prima era lui il più studioso, ora trova compagni più bravi di lui

---

L1408A1500

A15. Il testo si può suddividere in tre parti di diversa lunghezza, corrispondenti a momenti diversi della vita del protagonista.

a) Individua le tre parti scrivendo i numeri dei capoversi corrispondenti.

	Numeri dei capoversi
a) Prima parte	....
b) Seconda parte	....
c) Terza parte	....

b) Ciascuna parte si distingue anche per l'uso di un tempo verbale prevalente. Indica quale.

	Tempo verbale prevalente
a) Prima parte	....
b) Seconda parte	....
c) Terza parte	....

L1408A1600

A16. "Esasperato" (riga 44) significa

A. ☐ sopraffatto

B. ☐ fortemente irritato

C. ☐ umiliato

D. ☐ molto addolorato

L1408A1700

A17. Il protagonista rimane colpito dal fatto che il compagno non conosca il libro che lui gli cita. Perché, dopo la sorpresa, prova un sentimento di felicità e gioia?

A. ☐ Perché ha compreso che la vera superiorità è quella intellettuale

B. ☐ Perché è riuscito a umiliare il compagno che lo offendeva

C. ☐ Perché la consapevolezza della vittoria sul compagno ha dissolto la rabbia di poco prima

D. ☐ Perché ha capito che nessun uomo, ricco o povero che sia, è superiore a un altro

---

L1408A1800

A18. Che cosa ha di diverso per il protagonista "questo Mediterraneo" (riga 55) rispetto a quello di quando era ragazzo?

....

L1408A1900

A19. Il "nodo spinoso" (riga 56) che sale alla gola del protagonista è

A. ☐ il rimpianto per ciò che nella vita aveva sperato di ottenere ma non è stato capace di raggiungere

B. ☐ la nostalgia per i luoghi della sua infanzia

C. ☐ il dolore per le sofferenze patite

D. ☐ il dispiacere per avere speso l'infanzia sui libri invece che in compagnia con gli amici

L1408A2000

A20. **Il protagonista del racconto e chi l'ha scritto sono la stessa persona?**

A. ☐ Sono la stessa persona

B. ☐ Non sono la stessa persona

Da che cosa l'hai capito?

....

L'ora legale: ne vale davvero la pena?

L'unico paese industrializzato dove non c'è – ma c'è stata – l'ora legale è il Giappone. C'è stata perché fu imposta dagli americani durante l'occupazione militare del Paese, dopo la sconfitta nipponica nella seconda guerra mondiale. Nel 1952 i giapponesi, finalmente liberi di decidere, l'abolirono, forse per ripicca. Tuttavia, le industrie e le banche nipponiche, favorevoli all'ora legale, non si sono arrese e hanno tentato di aggirare l'ostacolo facendo entrare d'estate impiegati e operai un'ora prima per sfruttare la luce. È stato un disastro: i lavoratori non se ne andavano un'ora prima, dormivano meno, si stancavano di più, erano nervosi e lavoravano peggio.

L'ora legale non c'è anche in quasi tutti i Paesi equatoriali dell'Africa e dell'Asia perché il vantaggio sarebbe minimo.

Il ricorso all'ora legale, che quando nacque si chiamava *British summer time*, è frutto di una situazione drammatica come la prima guerra mondiale: per l'Inghilterra del 1916, e poi per gli altri Paesi che la imitarono, il risparmio energetico era una tragica necessità dovuta al conflitto. Allora l'ora legale, allungando il periodo di luce serale, consentiva un risparmio di energia perché le fabbriche e gli uffici avevano un orario lungo, spesso con un intervallo tra fine mattinata e pomeriggio. Oggi c'è l'orario di lavoro continuato o, comunque, i lavoratori staccano quasi sempre tra le ore 17 e le 19, quando ci sarebbe ancora luce con l'ora naturale primaverile o estiva. Quindi il risparmio energetico praticamente non esiste.

L'ora legale, specie nei momenti di passaggio, checché se ne dica, ha conseguenze significative sulla vita degli esseri umani.

Bisogna però distinguere tra le due fasi di passaggio. La più difficile è quella del ritorno all'ora solare in autunno. Qui si sommano soprattutto due effetti: a) l'alterazione dei ritmi stabiliti dal ciclo di 24 ore (i cosiddetti ritmi circadiani) cui sono legate molte funzioni fisiologiche; b) la corrispondenza di questo passaggio con una forma di depressione legata soprattutto al fatto che si altera il fotoperiodo, cioè la durata del periodo di luce giornaliera.

Chi non è rimasto scioccato, proprio con il ritorno dell'ora solare, dall'arrivo improvviso del buio, un'ora prima del solito, nei pomeriggi tra la fine di ottobre e l'inizio di novembre? È un colpo psicologico che avvertono anche persone molto solide e che ha effetti molto forti sul ciclo sonno-veglia, un equilibrio decisivo per il benessere di chiunque nella vita di tutti i giorni e in particolare nel lavoro (come, abbiamo visto, ci insegnano i "maestri" giapponesi).

Il disturbo del sonno, del resto, è stato preso molto sul serio nello studio fatto dagli stessi giapponesi per vedere se valeva la pena di provare ad applicare l'ora legale malgrado le forti opposizioni, in particolare da parte dei contadini. Lo studio è stato affidato nel 2005 a un gruppo di scienziati che ha documentato i rischi di insonnia per un gran numero di giapponesi. Gli scienziati hanno concluso: «Diciamo no. È un attentato alla salute psicofisica della popolazione».

Per noi italiani, anzi per tutti gli europei, la decisione è stata presa dall'Europa, senza troppe resistenze. E risulta addirittura che oltre la metà degli italiani sarebbe favorevole a estendere l'ora legale a tutto l'anno, perché così si eliminerebbe il problema dei passaggi, in particolare di quello autunnale.

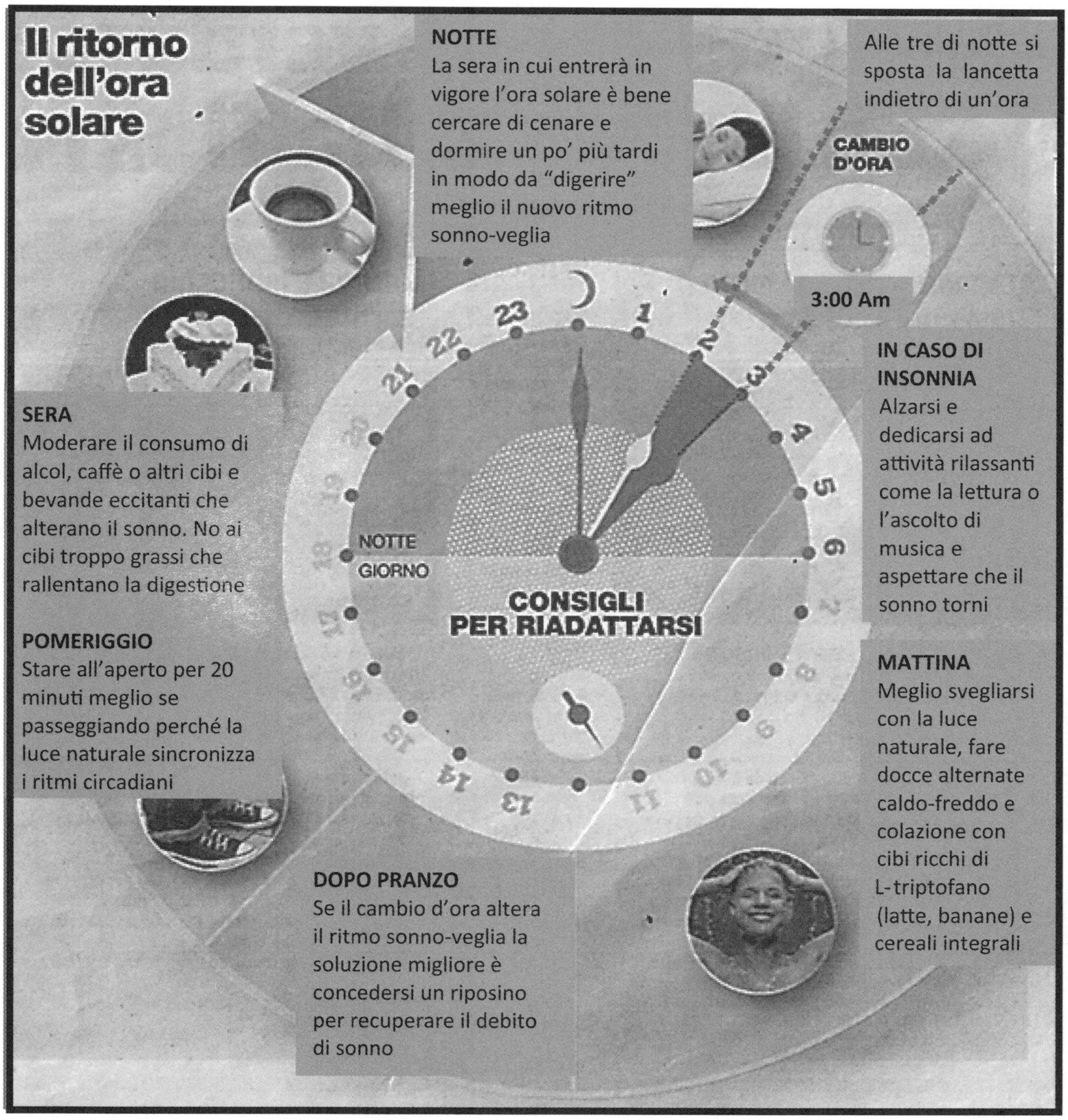

(Tratto e adattato da: Ludovico Fraia, *Il balletto degli orologi e i disturbi del sonno. Ne vale davvero la pena?*, "il Centro", inserto "Benessere e salute", 6 ottobre 2011, pag. 03)

L1408B0100

B1. L'ora legale consiste

A. ☐ nel mettere avanti di un'ora le lancette dell'orologio durante la primavera e l'estate

B. ☐ nel rendere flessibile l'orario di lavoro

C. ☐ nel prolungare di un'ora l'orario di lavoro

D. ☐ nel portare tutti gli orologi di un Paese sulla stessa ora indipendentemente dal fuso orario

---

L1408B0200

B2. Perché l'ora "legale" si chiama così?

A. ☐ Perché è stata imposta dai giudici

B. ☐ Perché segue le leggi astronomiche

C. ☐ Perché è una convenzione

D. ☐ Perché rispetta le normative locali

L1408B0300

B3. Quale aggettivo viene utilizzato nel primo capoverso come sinonimo di "giapponese"?

....

L1408B0400

B4. Che cosa significa l'espressione "aggirare l'ostacolo" (righe 5-6)?

A. ☐ Ricorrere a un inganno

B. ☐ Ottenere a tutti i costi ciò che si desidera

C. ☐ Prevenire le contestazioni

D. ☐ Raggiungere un obiettivo in modo indiretto

L1408B0500

B5. **Per quale ragione i lavoratori giapponesi "dormivano meno, si stancavano di più, erano nervosi e lavoravano peggio" (righe 7-8)?**

A. ☐ Entravano al lavoro in anticipo, ma non uscivano un'ora prima

B. ☐ Il prolungamento dell'orario lavorativo cadeva nella stagione calda

C. ☐ Le aziende avevano introdotto l'ora legale contro la loro volontà

D. ☐ L'anticipo dell'ora ricordava loro il periodo della guerra

---

L1408B0600

B6. **Nel testo si afferma che nei Paesi equatoriali dell'Africa e dell'Asia il vantaggio dell'ora legale sarebbe minimo, ma non si spiega la ragione. In base alle tue conoscenze, perché il vantaggio sarebbe minimo?**

A. ☐ Perché nella fascia equatoriale le ore di luce sono comunque di più delle ore di buio

B. ☐ Perché il risparmio energetico non costituisce un vero problema in zone dove le attività industriali sono limitate

C. ☐ Perché i Paesi della fascia equatoriale si trovano in continenti diversi e sarebbe difficile mettere d'accordo i rispettivi governi

D. ☐ Perché in questi Paesi il rapporto fra ore di luce e ore di buio non varia in modo significativo al variare delle stagioni

---

L1408B0700

B7. **Perché durante la prima guerra mondiale alcuni Stati introdussero l'ora legale?**

A. ☐ Per allungare l'orario lavorativo

B. ☐ Per realizzare un risparmio di energia

C. ☐ Per far spendere meno ai cittadini

D. ☐ Per lasciare le strade al buio per meno tempo

L1408B0800

B8. **Nel testo si afferma che oggi "il risparmio energetico praticamente non esiste" (righe 18-19). Ciò dipende dal fatto che**

A. ☐ quando i lavoratori finiscono di lavorare c'è comunque ancora la luce solare

B. ☐ l'energia attualmente ha un costo molto modesto

C. ☐ i luoghi di lavoro sono illuminati con fonti energetiche alternative

D. ☐ lo spreco di energia si fa soprattutto nelle case private e non nei luoghi di lavoro

---

L1408B0900

B9. **Perché il passaggio più difficile è quello del ritorno all'ora solare in autunno?**

A. ☐ Perché l'avvicinarsi dell'inverno rende le persone più malinconiche

B. ☐ Perché con l'arrivo dell'autunno molte persone vanno soggette a malanni di stagione

C. ☐ Perché si cumulano i disturbi legati al cambio dell'ora con il peggioramento dell'umore dovuto alla riduzione della quantità di luce

D. ☐ Perché l'accorciamento del periodo di luce non viene compensato da un parallelo aumento della temperatura giornaliera

---

L1408B1000

B10. **Che cosa sono i "ritmi circadiani" (riga 24)?**

A. ☐ Il succedersi in circolo delle stagioni nel corso dell'anno solare

B. ☐ L'alternarsi di periodi di sonno profondo e di sonno più leggero durante la notte

C. ☐ Il ripetersi di fasi diverse nella nostra vita biologica nell'arco di un giorno

D. ☐ L'avvicendarsi di fasi di attività e di riposo nel corso del mese

---

L1408B1100

B11. **Con quale termine del linguaggio scientifico viene indicata la lunghezza del periodo di luce nel corso della giornata?**

....

L1408B1200

B12. **I giapponesi sono definiti "maestri" (riga 33) perché dalla loro esperienza abbiamo imparato che**

A. ☐ le aziende, per poter sfruttare un'ora di luce in più, hanno finito per imporre ai lavoratori ritmi insostenibili

B. ☐ in tempo di pace non c'è un valido motivo per ricorrere all'ora legale

C. ☐ avevano ragione i contadini a non volere l'ora legale

D. ☐ la modificazione del ritmo sonno-veglia provoca disturbi del sonno e stanchezza con riflessi negativi sulla capacità lavorativa

---

L1408B1300

B13. **Nella frase "per tutti gli europei, la decisione è stata presa dall'Europa" (riga 40), a quale decisione ci si riferisce?**

....

L1408B1400

B14. **Nel testo si dice che la metà degli italiani sarebbe favorevole a estendere l'ora legale a tutto l'anno (righe 41-42) perché così**

A. ☐ si risparmierebbe più energia elettrica tutto l'anno

B. ☐ si eliminerebbero gli effetti negativi del passaggio dall'ora solare all'ora legale e viceversa

C. ☐ ci sarebbe la stessa ora in tutti i paesi dell'Europa

D. ☐ si eliminerebbero i problemi legati all'organizzazione del lavoro e si aumenterebbe la produttività

L1408B1500

B15. **L'avverbio "addirittura" (riga 41) indica che ciò che viene detto subito dopo**

A. ☐ precisa e spiega quanto detto prima

B. ☐ limita quanto detto prima e lo attenua

C. ☐ contraddice e smentisce quanto detto prima

D. ☐ è coerente con quanto detto prima e lo rinforza

L1408B16A0 - L1408B16B0 - L1408B16C0 - L1408B16D0 - L1408B16E0 - L1408B16F0 - L1408B16G0

B16. **La figura che accompagna il testo dà informazioni che riguardano**

Metti una crocetta per ogni riga.

	Vero	Falso
a) il momento in cui scatta l'ora solare	☐	☐
b) l'alimentazione più idonea a favorire il sonno e la forma fisica	☐	☐
c) gli effetti sull'umore dell'ora legale	☐	☐
d) la direzione in cui spostare le lancette dell'orologio	☐	☐
e) le attività fisiche consigliabili	☐	☐
f) il numero minimo di ore di sonno necessarie per un vero riposo	☐	☐
g) che cosa fare se non si riesce a dormire	☐	☐

L1408B1700

B17. **Lo scopo principale del testo nel suo insieme è**

A. ☐ evidenziare gli effetti dell'ora legale sulla vita delle persone e proporre dei rimedi

B. ☐ informare sull'origine storico-economica dell'ora legale

C. ☐ criticare il fatto che l'ora legale sia stata imposta senza consultare i cittadini

D. ☐ convincere della necessità di adottare l'ora legale durante tutto l'anno

---

L1408B1800

B18. **Rispetto alla domanda del titolo "L'ora legale: ne vale davvero la pena?", l'autore del testo**

A. ☐ rimane neutrale e non fornisce al lettore elementi di giudizio

B. ☐ giudica il ricorso all'ora legale un provvedimento utile e necessario

C. ☐ porta più argomenti contro che a favore dell'ora legale

D. ☐ fa discorsi confusi e in contraddizione tra di loro

GRAMMATICA

L1408C0100

C1. **Nella frase** "Secondo una prima ricostruzione, il ladro sarebbe entrato da una finestra sul retro", **il verbo indica:**

A. ☐ un'azione certa

B. ☐ un'azione futura

C. ☐ un'azione improbabile

D. ☐ un'azione possibile

L1408C0200

C2. "Raggiunta la cima, il gruppo degli alpinisti decise di trascorrere la notte nel rifugio".

La frase sottolineata è:

A. ☐ consecutiva

B. ☐ temporale

C. ☐ finale

D. ☐ concessiva

L1408C03A0 - L1408C03B0 - L1408C03C0 - L1408C03D0 - L1408C03E0 - L1408C03F0 - L1408C03G0 - L1408C03H0

C3. **Indica in quali dei seguenti aggettivi *in-* è un prefisso con valore negativo e in quali non lo è.**

Metti una crocetta per ogni riga.

Aggettivo	***in-* è un prefisso con valore negativo**	***in-* non è un prefisso con valore negativo**
a) indeciso	☐	☐
b) intenso	☐	☐
c) innamorato	☐	☐
d) interno	☐	☐
e) incapace	☐	☐
f) integrale	☐	☐
g) incivile	☐	☐
h) insolubile	☐	☐

L1408C0400

C4. In quale delle seguenti frasi è presente una espressione polirematica (cioè un gruppo di più parole con un significato unitario: es. *fuori stagione, botta e risposta*)?

A. ☐ Quella ragazza ha un viso acqua e sapone

B. ☐ Per la cena di stasera mancano pane e vino

C. ☐ Nella fattoria razzolavano liberamente galli e galline

D. ☐ Sbuccia la frutta con forchetta e coltello!

L1408C0500

C5. "Luca mi ha chiesto <u>quando arriverà l'aereo da Milano</u>".

La frase sottolineata è:

A. ☐ soggettiva

B. ☐ oggettiva esplicita

C. ☐ temporale

D. ☐ interrogativa indiretta

L1408C0610 - L1408C0620 - L1408C0630 - L1408C0640 - L1408C0650

C6. Completa nel modo corretto le parole incomplete.

1. Maria è una nuotatrice ecce...........nale.
2. Aveva la co...........enza sporca perché sapeva di aver mentito.
3. Lavarsi le mani prima di mangiare è una buona regola i...........enica.
4. Questo cane è del tutto inno...........o: abbaia ma non morde.
5. Il preside non ha concesso l'assemblea: dice che è ille...........ittima.

L1408C0700

C7. Nella frase "Inviterò anche Maria perché tu la conosca" **la congiunzione <u>perché</u> ha valore:**

A. ☐ causale

B. ☐ interrogativo

C. ☐ finale

D. ☐ consecutivo

L1408C0800

C8. **Leggi la seguente frase.**

"Era previsto uno spettacolo magnifico ma a causa del maltempo fu annullato: quando lo seppi ci rimasi male".

Il pronome "lo" si riferisce:

A. ☐ al fatto che lo spettacolo fu annullato

B. ☐ al maltempo

C. ☐ al fatto che era previsto uno spettacolo magnifico

D. ☐ allo spettacolo

L1408C0900

C9. **Leggi la seguente frase.**

"In una famosissima opera letteraria si racconta che i due protagonisti furono minacciati di morte da bande di soldatacci al soldo di un potente signorotto del luogo".

Se tu non conoscessi il significato delle parole sottolineate, quali voci andresti a cercare nel dizionario? Scrivile.

1. (famosissima) ....

2. (protagonisti) ....

3. (soldatacci) ....

L1408C1000

C10. **Indica i modi dei verbi presenti nella seguente frase:**

"Avendo visto in vetrina un bellissimo maglione ho deciso di comprarlo, benché fosse molto caro".

A. ☐ Gerundio, indicativo, participio, congiuntivo

B. ☐ Gerundio, participio, indicativo, infinito

C. ☐ Gerundio, indicativo, infinito, congiuntivo

D. ☐ Gerundio, indicativo, infinito, condizionale

GRIGLIA DI AUTOCORREZIONE DELLA

PROVA NAZIONALE DI ITALIANO

PARTE PRIMA - TESTO A Cristina Rava ▪ **Nella casa vicino al mare**

DOMANDA	RISPOSTA CORRETTA	MIA RISPOSTA	AUTOVALUTAZIONE	
			POSITIVA	NEGATIVA
A1.	....	....	☐	☐
A2.	....	....	☐	☐
A3.	A. ☐ B. ☐ C. ☐ D. ☐	A. ☐ B. ☐ C. ☐ D. ☐	☐	☐
A4.	A. ☐ B. ☐ C. ☐ D. ☐	A. ☐ B. ☐ C. ☐ D. ☐	☐	☐
A5.	A. ☐ B. ☐ C. ☐ D. ☐	A. ☐ B. ☐ C. ☐ D. ☐	☐	☐
A6. a)	LETTERALE ☐ FIGURATO ☐	LETTERALE ☐ FIGURATO ☐	☐	☐
A6. b)	LETTERALE ☐ FIGURATO ☐	LETTERALE ☐ FIGURATO ☐	☐	☐
A6. c)	LETTERALE ☐ FIGURATO ☐	LETTERALE ☐ FIGURATO ☐	☐	☐
A6. d)	LETTERALE ☐ FIGURATO ☐	LETTERALE ☐ FIGURATO ☐	☐	☐
A6. e)	LETTERALE ☐ FIGURATO ☐	LETTERALE ☐ FIGURATO ☐	☐	☐
A7.	A. ☐ B. ☐ C. ☐ D. ☐	A. ☐ B. ☐ C. ☐ D. ☐	☐	☐
A8.	A. ☐ B. ☐ C. ☐ D. ☐	A. ☐ B. ☐ C. ☐ D. ☐	☐	☐
A9.	....	....	☐	☐

DOMANDA	RISPOSTA CORRETTA	MIA RISPOSTA	AUTOVALUTAZIONE	
			POSITIVA	NEGATIVA
A10.	A. ☐ B. ☐ C. ☐ D. ☐	A. ☐ B. ☐ C. ☐ D. ☐	☐	☐
A11.	A. ☐ B. ☐ C. ☐ D. ☐	A. ☐ B. ☐ C. ☐ D. ☐	☐	☐
A12.	....	....	☐	☐
A13.	A. ☐ B. ☐ C. ☐ D. ☐	A. ☐ B. ☐ C. ☐ D. ☐	☐	☐
A14.	A. ☐ B. ☐ C. ☐ D. ☐	A. ☐ B. ☐ C. ☐ D. ☐	☐	☐
A15. a)	a)	a)	☐	☐
	b)	b)	☐	☐
	c)	c)	☐	☐
A15. b)	a)	a)	☐	☐
	b)	b)	☐	☐
	c)	c)	☐	☐
A16.	A. ☐ B. ☐ C. ☐ D. ☐	A. ☐ B. ☐ C. ☐ D. ☐	☐	☐
A17.	A. ☐ B. ☐ C. ☐ D. ☐	A. ☐ B. ☐ C. ☐ D. ☐	☐	☐
A18.	....	....	☐	☐
A19.	A. ☐ B. ☐ C. ☐ D. ☐	A. ☐ B. ☐ C. ☐ D. ☐	☐	☐
A20.	A. ☐ B. ☐	A. ☐ B. ☐	☐	☐

TOTALE RISPOSTE CORRETTE	
TOTALE RISPOSTE SBAGLIATE/NON DATE	

PARTE PRIMA - TESTO B

Ludovico Fraia ▪ **L'ora legale: ne vale davvero la pena?**

DOMANDA	RISPOSTA CORRETTA	MIA RISPOSTA	AUTOVALUTAZIONE	
			POSITIVA	NEGATIVA
B1.	A. ☐ B. ☐ C. ☐ D. ☐	A. ☐ B. ☐ C. ☐ D. ☐	☐	☐
B2.	A. ☐ B. ☐ C. ☐ D. ☐	A. ☐ B. ☐ C. ☐ D. ☐	☐	☐
B3.	....	....	☐	☐
B4.	A. ☐ B. ☐ C. ☐ D. ☐	A. ☐ B. ☐ C. ☐ D. ☐	☐	☐
B5.	A. ☐ B. ☐ C. ☐ D. ☐	A. ☐ B. ☐ C. ☐ D. ☐	☐	☐
B6.	A. ☐ B. ☐ C. ☐ D. ☐	A. ☐ B. ☐ C. ☐ D. ☐	☐	☐
B7.	A. ☐ B. ☐ C. ☐ D. ☐	A. ☐ B. ☐ C. ☐ D. ☐	☐	☐
B8.	A. ☐ B. ☐ C. ☐ D. ☐	A. ☐ B. ☐ C. ☐ D. ☐	☐	☐
B9.	A. ☐ B. ☐ C. ☐ D. ☐	A. ☐ B. ☐ C. ☐ D. ☐	☐	☐
B10.	A. ☐ B. ☐ C. ☐ D. ☐	A. ☐ B. ☐ C. ☐ D. ☐	☐	☐
B11.	....	....	☐	☐
B12.	A. ☐ B. ☐ C. ☐ D. ☐	A. ☐ B. ☐ C. ☐ D. ☐	☐	☐
B13.	....	....	☐	☐
B14.	A. ☐ B. ☐ C. ☐ D. ☐	A. ☐ B. ☐ C. ☐ D. ☐	☐	☐
B15.	A. ☐ B. ☐ C. ☐ D. ☐	A. ☐ B. ☐ C. ☐ D. ☐	☐	☐
B16. a)	VERO ☐ FALSO ☐	VERO ☐ FALSO ☐	☐	☐
B16. b)	VERO ☐ FALSO ☐	VERO ☐ FALSO ☐	☐	☐
B16. c)	VERO ☐ FALSO ☐	VERO ☐ FALSO ☐	☐	☐
B16. d)	VERO ☐ FALSO ☐	VERO ☐ FALSO ☐	☐	☐
B16. e)	VERO ☐ FALSO ☐	VERO ☐ FALSO ☐	☐	☐
B16. f)	VERO ☐ FALSO ☐	VERO ☐ FALSO ☐	☐	☐
B16. g)	VERO ☐ FALSO ☐	VERO ☐ FALSO ☐	☐	☐
B17.	A. ☐ B. ☐ C. ☐ D. ☐	A. ☐ B. ☐ C. ☐ D. ☐	☐	☐
B18.	A. ☐ B. ☐ C. ☐ D. ☐	A. ☐ B. ☐ C. ☐ D. ☐	☐	☐

TOTALE RISPOSTE CORRETTE	
TOTALE RISPOSTE SBAGLIATE/NON DATE	

PARTE SECONDA **Grammatica**

DOMANDA	RISPOSTA CORRETTA	MIA RISPOSTA	AUTOVALUTAZIONE	
			POSITIVA	NEGATIVA
C1.	A. ☐ B. ☐ C. ☐ D. ☐	A. ☐ B. ☐ C. ☐ D. ☐	☐	☐
C2.	A. ☐ B. ☐ C. ☐ D. ☐	A. ☐ B. ☐ C. ☐ D. ☐	☐	☐
C3. a)	*in-* È UN PREFISSO CON VALORE NEGATIVO ☐ *in-* NON È UN PREFISSO CON VALORE NEGATIVO ☐	*in-* È UN PREFISSO CON VALORE NEGATIVO ☐ *in-* NON È UN PREFISSO CON VALORE NEGATIVO ☐	☐	☐
C3. b)	*in-* È UN PREFISSO CON VALORE NEGATIVO ☐ *in-* NON È UN PREFISSO CON VALORE NEGATIVO ☐	*in-* È UN PREFISSO CON VALORE NEGATIVO ☐ *in-* NON È UN PREFISSO CON VALORE NEGATIVO ☐	☐	☐
C3. c)	*in-* È UN PREFISSO CON VALORE NEGATIVO ☐ *in-* NON È UN PREFISSO CON VALORE NEGATIVO ☐	*in-* È UN PREFISSO CON VALORE NEGATIVO ☐ *in-* NON È UN PREFISSO CON VALORE NEGATIVO ☐	☐	☐
C3. d)	*in-* È UN PREFISSO CON VALORE NEGATIVO ☐ *in-* NON È UN PREFISSO CON VALORE NEGATIVO ☐	*in-* È UN PREFISSO CON VALORE NEGATIVO ☐ *in-* NON È UN PREFISSO CON VALORE NEGATIVO ☐	☐	☐
C3. e)	*in-* È UN PREFISSO CON VALORE NEGATIVO ☐ *in-* NON È UN PREFISSO CON VALORE NEGATIVO ☐	*in-* È UN PREFISSO CON VALORE NEGATIVO ☐ *in-* NON È UN PREFISSO CON VALORE NEGATIVO ☐	☐	☐
C3. f)	*in-* È UN PREFISSO CON VALORE NEGATIVO ☐ *in-* NON È UN PREFISSO CON VALORE NEGATIVO ☐	*in-* È UN PREFISSO CON VALORE NEGATIVO ☐ *in-* NON È UN PREFISSO CON VALORE NEGATIVO ☐	☐	☐
C3. g)	*in-* È UN PREFISSO CON VALORE NEGATIVO ☐ *in-* NON È UN PREFISSO CON VALORE NEGATIVO ☐	*in-* È UN PREFISSO CON VALORE NEGATIVO ☐ *in-* NON È UN PREFISSO CON VALORE NEGATIVO ☐	☐	☐
C3. h)	*in-* È UN PREFISSO CON VALORE NEGATIVO ☐ *in-* NON È UN PREFISSO CON VALORE NEGATIVO ☐	*in-* È UN PREFISSO CON VALORE NEGATIVO ☐ *in-* NON È UN PREFISSO CON VALORE NEGATIVO ☐	☐	☐
C4.	A. ☐ B. ☐ C. ☐ D. ☐	A. ☐ B. ☐ C. ☐ D. ☐	☐	☐
C5.	A. ☐ B. ☐ C. ☐ D. ☐	A. ☐ B. ☐ C. ☐ D. ☐	☐	☐

DOMANDA	RISPOSTA CORRETTA	MIA RISPOSTA	AUTOVALUTAZIONE	
			POSITIVA	NEGATIVA
C6. 1.	....	....	☐	☐
C6. 2.	....	....	☐	☐
C6. 3.	....	....	☐	☐
C6. 4.	....	....	☐	☐
C6. 5.	....	....	☐	☐
C7.	A. ☐ B. ☐ C. ☐ D. ☐	A. ☐ B. ☐ C. ☐ D. ☐	☐	☐
C8.	A. ☐ B. ☐ C. ☐ D. ☐	A. ☐ B. ☐ C. ☐ D. ☐	☐	☐
C9. 1.	....	....	☐	☐
C9. 2.	....	....	☐	☐
C9. 3.	....	....	☐	☐
C10.	A. ☐ B. ☐ C. ☐ D. ☐	A. ☐ B. ☐ C. ☐ D. ☐	☐	☐

TOTALE RISPOSTE CORRETTE

TOTALE RISPOSTE SBAGLIATE/NON DATE

VALUTAZIONE DELL'INSEGNANTE	
	Competenza testuale ....
	Competenza grammaticale ....

svolto dal Karolinska) progettati per calcolare il legame fra stili di vita e rischio di ammalarsi di tumore. Ma come sempre avviene per questi enormi database, che comprendono decine di migliaia di volontari arruolati addirittura per decenni e raccolgono miriadi di dettagli sulla vita quotidiana, ogni ricercatore è libero in seguito di scavare nei dati per estrarne l'aspetto che più gli interessa. In questo caso è toccato all'esercizio fisico, e al raffronto fra i suoi benefici e quelli della dieta.

Un dato che sembra comprovato al di là di ogni dubbio sui limiti della statistica è poi quello che lega l'esercizio fisico alla salute del cervello. Il primo novembre sul giornale dell'*American Heart Association* è uscito solo l'ultimo fra le decine di studi che indicano come camminare, pedalare, nuotare o andare in palestra mantengano il cervello ben irrorato di sangue, prevenendo la degenerazione delle cellule e allontanando il rischio di ammalarsi di demenza del 40 per cento. Per chi come motivazione non trova sufficiente il benessere che segue a una bella camminata, da oggi c'è la forza dei numeri a convincerlo che indossare le scarpe da ginnastica ha i suoi vantaggi.

(Tratto da: Elena Dusi, *Stili di vita*, in «la Repubblica»)

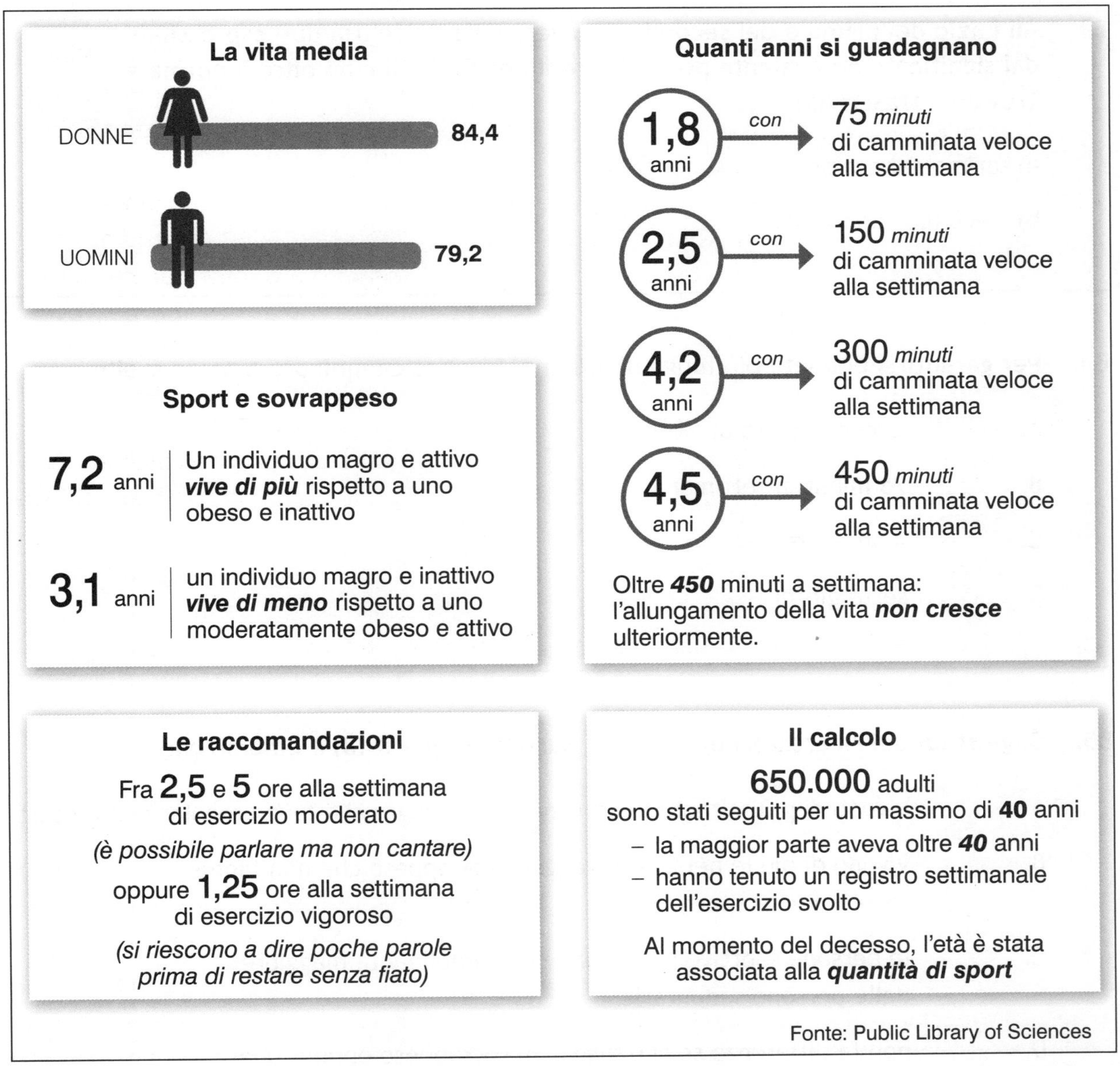

B1. Nell'espressione «indulgere all'ozio» (riga 1) il verbo "indulgere" significa

A. ☐ resistere
B. ☐ abbandonarsi
C. ☐ opporsi
D. ☐ acconsentire

B2. Quali sono le due vie che conducono a una lunga vita?

a) ....
b) ....

B3. All'inizio del primo e del secondo capoverso, l'autrice usa due espressioni dal significato equivalente per indicare il desiderio di cibo oltre il normale. Trovale e trascrivile.

a) primo capoverso: ....
b) secondo capoverso: ....

B4. Per garantirsi una vita più lunga di 1,8 anni bisogna camminare a passo svelto

A. ☐ almeno un'ora al giorno
B. ☐ 75 minuti a settimana
C. ☐ 4 anni e mezzo
D. ☐ sette giorni

B5. Dagli studi dei ricercatori di Boston e Harvard (righe 8-18) è emerso che

A. ☐ vivono di più soltanto le persone molto magre che fanno regolarmente sport
B. ☐ vivono di più le persone in leggero sovrappeso che non fanno regolarmente sport
C. ☐ le persone sportive hanno una durata della vita maggiore delle persone sedentarie
D. ☐ non fa differenza se si è magri, in sovrappeso oppure obesi

B6. **Al contrario dell'esercizio fisico, che allunga la vita, nell'articolo è citata un'abitudine che la abbrevia: quale?**

....

B7. **Quali tra le seguenti indicazioni sono emerse dalla ricerca svolta a Stoccolma (righe 21-25)?**

Metti una crocetta per ogni riga.

FATTORI IN GRADO DI ALLUNGARE LA VITA	SÌ	NO
a) dedicarsi a hobby piacevoli	☐	☐
b) praticare esercizio fisico	☐	☐
c) avere dipendenza da sigaretta	☐	☐
d) praticare attività di sostegno e aiuto	☐	☐
e) trascorrere giornate pigre e solitarie	☐	☐

B8. **Che cosa significa l'espressione "il gioco sembra valere la candela"?**

A. ☐ Gli sforzi non sembrano proporzionati al risultato

B. ☐ Il risultato sembra inferiore al consumo di energie

C. ☐ Il risultato sembra ricompensare la fatica

D. ☐ La fatica dell'esercizio fisico sembra quasi un gioco

B9. **Nella frase «costi e benefici dell'attività fisica possono essere soppesati» (righe 26-27) il verbo "soppesati" si può sostituire con**

A. ☐ valutati

B. ☐ sollevati

C. ☐ dichiarati

D. ☐ bilanciati

B10. **Alla riga 38, il termine "campione" è sinonimo di**

A. ☐ atleta

B. ☐ elemento

C. ☐ saggio

D. ☐ insieme

B11. L'espressione latina "*cum grano salis*" (riga 41) viene usata dall'autrice per indicare che

A. ☐ occorre usare un pizzico di buon senso per interpretare i dati

B. ☐ le parole dei ricercatori non vanno prese alla lettera

C. ☐ bisogna avere un po' di astuzia per capire correttamente i dati

D. ☐ occorre considerare i dati con molta calma per capirli

B12. Qual era l'obiettivo principale dei sei grandi studi (cinque americani e uno svedese) citati nel testo?

....

....

B13. Nonostante la prudenza nei confronti dei dati emersi, un elemento pare sicuro. Quale tra i seguenti?

A. ☐ Il legame tra l'esercizio fisico e la degenerazione delle cellule

B. ☐ L'efficacia dell'andare in palestra per avere un corpo in forma

C. ☐ Il legame tra l'attività fisica e una buona attività cerebrale

D. ☐ Il legame tra l'aumento delle malattie e lo stile di vita

---

B14. Inserisci correttamente nello schema le seguenti parole ed espressioni, in modo da illustrare il corretto rapporto di causa-effetto presente nel testo.

40% in meno rischio demenza • cervello con buon afflusso di sangue • esercizio fisico • previene degenerazione cellule

a) .... → b) ....

↓

c) ....

↓

d) ....

B15. Osserva i dati illustrati nel riquadro. Quali tra i seguenti sono presenti anche nel testo e quali no?

Metti una crocetta per ogni riga.

DATI	PRESENTI NEL TESTO	NON PRESENTI
a) il numero di anni in più con una certa quantità di esercizio fisico	☐	☐
b) la durata media della vita di uomini e donne	☐	☐
c) la definizione di "esercizio vigoroso"	☐	☐
d) il numero di persone adulte che sono state sotto osservazione	☐	☐

B16. Lo scopo principale di questo testo è

A. ☐ evidenziare le conseguenze dello scarso esercizio fisico sulla salute e proporre dei rimedi

B. ☐ illustrare dettagliatamente i risultati emersi da importanti studi di ricercatori americani

C. ☐ mettere in luce come la nostra salute sia proporzionale alla quantità di esercizio fisico

D. ☐ informare le persone anziane sui modi migliori per conservare una buona salute

PROVA 8
PARTE SECONDA

GRAMMATICA

C1. Numera in ordine alfabetico le seguenti parole.

PAROLE	N. ORDINE ALFABETICO
a) camminata	....
b) conversazione	....
c) conto	....
d) campione	....
e) cervello	....
f) confronto	....
g) considerazione	....

C2. Molte parole sono composte con il prefisso "auto", che può avere diversi significati, elencati nella tabella.
Distingui e indica il significato dato dal prefisso "auto" ai seguenti sostantivi.

Metti una crocetta per ogni riga.

	DI SE STESSO	CHE FUNZIONA AUTOMATICAMENTE	RELATIVO A VEICOLI
a) autozoom	☐	☐	☐
b) autodifesa	☐	☐	☐
c) autogrill	☐	☐	☐
d) autobiografia	☐	☐	☐
e) automobilista	☐	☐	☐

C3. In quale delle seguenti frasi "chi" è pronome interrogativo?

A. ☐ Chiedemmo chi avesse finito di mangiare

B. ☐ Dobbiamo pensare sempre a chi è in difficoltà

C. ☐ Chi lo sa, lo dica

D. ☐ Chi si rivede!

C4. In quale delle seguenti frasi il participio presente ha valore unicamente di aggettivo?

A. ☐ Segui il cartello indicante la direzione
B. ☐ L'ambulante aveva tanta frutta sulla bancarella
C. ☐ È stato davvero uno spettacolo divertente!
D. ☐ I cantanti si presentarono insieme sul palco

C5. Nella frase "Secondo le sue dichiarazioni, non avrebbe terminato il compito per l'assenza improvvisa della luce elettrica" il verbo indica

A. ☐ un'azione certa
B. ☐ un'azione futura
C. ☐ un'azione improbabile
D. ☐ un'azione possibile

C6. Scrivi la funzione sintattica (soggetto, complemento...) delle parole sottolineate nelle seguenti frasi.

a) Gli sembrava scandaloso che in alcune scuole di Lantania fosse insegnata <u>la lingua nemica</u>

....

b) All'ora stabilita l'arbitro fischiò <u>l'inizio</u>

....

c) I suoi occhi mentivano, non potevano trasmetter<u>gli</u> quel doppio messaggio

....

C7. Leggi il periodo seguente: "Mentre tornava da scuola, la mia amica ha ritrovato sano e salvo il suo gattino che era sparito da tre giorni".

a) Il verbo della frase principale (***ha ritrovato***) esprime, rispetto al verbo della frase subordinata (***era sparito***), un'azione che accade

A. ☐ contemporaneamente
B. ☐ precedentemente
C. ☐ ripetutamente
D. ☐ successivamente

b) Quante proposizioni ci sono in questo periodo?

....

C8. **Per ciascun periodo della tabella scrivi che tipo di proposizione subordinata è la frase sottolineata.**

	TIPO DI PROPOSIZIONE
a) Ho avuto un rimorso di coscienza perché in fondo mi ha fatto compagnia per mesi	....
b) Siamo di fronte a un comportamento «intelligente», in cui il cane non risponde al comando dell'istinto	....
c) Anche se non si riesce a definire bene l'intelligenza canina, dovremmo essere più sensibili a questo mistero	....

C9. **Osserva lo schema qui raffigurato.**

Quale tra i periodi che seguono corrisponde a questo schema di analisi?

A. ☐ Il ruolo benefico dell'attività fisica è tanto grande da uguagliare quasi quello negativo del fumo

B. ☐ Ogni ricercatore è libero di scavare nei dati per estrarne l'aspetto che più gli interessa

C. ☐ Anche limitandosi alla sola ricerca di Harvard, costi e benefici dell'attività fisica possono essere soppesati

D. ☐ E purché l'esercizio fisico sia stato abbondante, anche permettersi uno stravizio a tavola è concesso

C10. Leggi il seguente periodo:

"Più dell'80% degli animali abbandonati rischia di morire in incidenti, di stenti o a causa di maltrattamenti, mentre il 20% finisce in un rifugio per animali dove, specialmente se è anziano o affetto da malattie importanti, concluderà la sua esistenza."

Identifica le frasi subordinate che formano il periodo e riscrivile nello schema, una per ogni casella, tenendo conto delle loro relazioni. Nella prima casella inserisci la principale.

a) ....
....
....

b) ....
....
....

c) ....
....
....

d) ....
....
....

e) ....
....
....

GRIGLIA DI AUTOCORREZIONE DELLA **PROVA 8**

PARTE PRIMA – TESTO A

Primo Levi ▪ **Le due bandiere**

DOMANDA	RISPOSTA CORRETTA	MIA RISPOSTA	AUTOVALUTAZIONE	
			POSITIVA	NEGATIVA
A1.	A. ☐ B. ☐ C. ☐ D. ☐	A. ☐ B. ☐ C. ☐ D. ☐	☐	☐
A2. a)	....	....	☐	☐
A2. b)	....	....	☐	☐
A2. c)	....	....	☐	☐
A2. d)	....	....	☐	☐
A3. a)	ABITANTE DELLA LANTANIA ☐ AUTORE DEL RACCONTO ☐	ABITANTE DELLA LANTANIA ☐ AUTORE DEL RACCONTO ☐	☐	☐
A3. b)	ABITANTE DELLA LANTANIA ☐ AUTORE DEL RACCONTO ☐	ABITANTE DELLA LANTANIA ☐ AUTORE DEL RACCONTO ☐	☐	☐
A3. c)	ABITANTE DELLA LANTANIA ☐ AUTORE DEL RACCONTO ☐	ABITANTE DELLA LANTANIA ☐ AUTORE DEL RACCONTO ☐	☐	☐
A4.	A. ☐ B. ☐ C. ☐ D. ☐	A. ☐ B. ☐ C. ☐ D. ☐	☐	☐
A5.	A. ☐ B. ☐ C. ☐ D. ☐	A. ☐ B. ☐ C. ☐ D. ☐	☐	☐
A6. a)	SÌ ☐ NO ☐	SÌ ☐ NO ☐	☐	☐
A6. b)	SÌ ☐ NO ☐	SÌ ☐ NO ☐	☐	☐
A6. c)	SÌ ☐ NO ☐	SÌ ☐ NO ☐	☐	☐
A6. d)	SÌ ☐ NO ☐	SÌ ☐ NO ☐	☐	☐
A6. e)	SÌ ☐ NO ☐	SÌ ☐ NO ☐	☐	☐
A6. f)	SÌ ☐ NO ☐	SÌ ☐ NO ☐	☐	☐
A7.	....	....	☐	☐

DOMANDA	RISPOSTA CORRETTA	MIA RISPOSTA	AUTOVALUTAZIONE	
			POSITIVA	NEGATIVA
A8. a)	A. ☐ B. ☐	A. ☐ B. ☐	☐	☐
A8. b)	A. ☐ B. ☐	A. ☐ B. ☐	☐	☐
A9. a)	....	....	☐	☐
A9. b)	....	....	☐	☐
A9. c)	....	....	☐	☐
A9. d)	....	....	☐	☐
A9. e)	....	....	☐	☐
A9. f)	....	....	☐	☐
A10.	A. ☐ B. ☐ C. ☐ D. ☐	A. ☐ B. ☐ C. ☐ D. ☐	☐	☐
A11.	A. ☐ B. ☐ C. ☐ D. ☐	A. ☐ B. ☐ C. ☐ D. ☐	☐	☐
A12.	A. ☐ B. ☐ C. ☐ D. ☐	A. ☐ B. ☐ C. ☐ D. ☐	☐	☐
A13. a)	VERO ☐ FALSO ☐	VERO ☐ FALSO ☐	☐	☐
A13. b)	VERO ☐ FALSO ☐	VERO ☐ FALSO ☐	☐	☐
A13. c)	VERO ☐ FALSO ☐	VERO ☐ FALSO ☐	☐	☐
A13. d)	VERO ☐ FALSO ☐	VERO ☐ FALSO ☐	☐	☐
A13. e)	VERO ☐ FALSO ☐	VERO ☐ FALSO ☐	☐	☐
A14.	A. ☐ B. ☐ C. ☐ D. ☐	A. ☐ B. ☐ C. ☐ D. ☐	☐	☐
A15.	A. ☐ B. ☐ C. ☐ D. ☐	A. ☐ B. ☐ C. ☐ D. ☐	☐	☐
A16.	....	....	☐	☐
A17.	A. ☐ B. ☐ C. ☐ D. ☐	A. ☐ B. ☐ C. ☐ D. ☐	☐	☐
A18.	A. ☐ B. ☐ C. ☐ D. ☐	A. ☐ B. ☐ C. ☐ D. ☐	☐	☐
A19 a)	....	....	☐	☐
A19 b)	....	....	☐	☐
A20.	A. ☐ B. ☐ C. ☐ D. ☐	A. ☐ B. ☐ C. ☐ D. ☐	☐	☐

TOTALE RISPOSTE CORRETTE	
TOTALE RISPOSTE SBAGLIATE/NON DATE	

PARTE PRIMA – TESTO B

Elena Dusi ▪ **Camminare, elisir di lunga vita**

DOMANDA	RISPOSTA CORRETTA	MIA RISPOSTA	AUTOVALUTAZIONE	
			POSITIVA	NEGATIVA
B1.	A. ☐ B. ☐ C. ☐ D. ☐	A. ☐ B. ☐ C. ☐ D. ☐	☐	☐
B2. a)	....	....	☐	☐
B2. b)	....	....	☐	☐
B3. a)	....	....	☐	☐
B3. b)	....	....	☐	☐
B4.	A. ☐ B. ☐ C. ☐ D. ☐	A. ☐ B. ☐ C. ☐ D. ☐	☐	☐
B5.	A. ☐ B. ☐ C. ☐ D. ☐	A. ☐ B. ☐ C. ☐ D. ☐	☐	☐
B6.	....	....	☐	☐
B7. a)	SÌ ☐ NO ☐	SÌ ☐ NO ☐	☐	☐
B7. b)	SÌ ☐ NO ☐	SÌ ☐ NO ☐	☐	☐
B7. c)	SÌ ☐ NO ☐	SÌ ☐ NO ☐	☐	☐
B7. d)	SÌ ☐ NO ☐	SÌ ☐ NO ☐	☐	☐
B7. e)	SÌ ☐ NO ☐	SÌ ☐ NO ☐	☐	☐
B8.	A. ☐ B. ☐ C. ☐ D. ☐	A. ☐ B. ☐ C. ☐ D. ☐	☐	☐
B9.	A. ☐ B. ☐ C. ☐ D. ☐	A. ☐ B. ☐ C. ☐ D. ☐	☐	☐
B10.	A. ☐ B. ☐ C. ☐ D. ☐	A. ☐ B. ☐ C. ☐ D. ☐	☐	☐
B11.	A. ☐ B. ☐ C. ☐ D. ☐	A. ☐ B. ☐ C. ☐ D. ☐	☐	☐
B12.	....	....	☐	☐

DOMANDA	RISPOSTA CORRETTA	MIA RISPOSTA	AUTOVALUTAZIONE	
			POSITIVA	NEGATIVA
B13.	A. ☐ B. ☐ C. ☐ D. ☐	A. ☐ B. ☐ C. ☐ D. ☐	☐	☐
B14. a)	....	....	☐	☐
B14. b)	....	....	☐	☐
B14. c)	....	....	☐	☐
B14. d)	....	....	☐	☐
B15. a)	PRESENTI NEL TESTO ☐ NON PRESENTI ☐	PRESENTI NEL TESTO ☐ NON PRESENTI ☐	☐	☐
B15. b)	PRESENTI NEL TESTO ☐ NON PRESENTI ☐	PRESENTI NEL TESTO ☐ NON PRESENTI ☐	☐	☐
B15. c)	PRESENTI NEL TESTO ☐ NON PRESENTI ☐	PRESENTI NEL TESTO ☐ NON PRESENTI ☐	☐	☐
B15. d)	PRESENTI NEL TESTO ☐ NON PRESENTI ☐	PRESENTI NEL TESTO ☐ NON PRESENTI ☐	☐	☐
B16.	A. ☐ B. ☐ C. ☐ D. ☐	A. ☐ B. ☐ C. ☐ D. ☐	☐	☐

TOTALE RISPOSTE CORRETTE	
TOTALE RISPOSTE SBAGLIATE/NON DATE	

PARTE SECONDA **Grammatica**

DOMANDA	RISPOSTA CORRETTA	MIA RISPOSTA	AUTOVALUTAZIONE	
			POSITIVA	NEGATIVA
C1. a)	....	....	☐	☐
C1. b)	....	....	☐	☐
C1. c)	....	....	☐	☐
C1. d)	....	....	☐	☐
C1. e)	....	....	☐	☐
C1. f)	....	....	☐	☐
C1. g)	....	....	☐	☐
C2. a)	DI SE STESSO ☐ AUTOMATICAMENTE ☐ VEICOLI ☐	DI SE STESSO ☐ AUTOMATICAMENTE ☐ VEICOLI ☐	☐	☐
C2. b)	DI SE STESSO ☐ AUTOMATICAMENTE ☐ VEICOLI ☐	DI SE STESSO ☐ AUTOMATICAMENTE ☐ VEICOLI ☐	☐	☐
C2. c)	DI SE STESSO ☐ AUTOMATICAMENTE ☐ VEICOLI ☐	DI SE STESSO ☐ AUTOMATICAMENTE ☐ VEICOLI ☐	☐	☐
C2. d)	DI SE STESSO ☐ AUTOMATICAMENTE ☐ VEICOLI ☐	DI SE STESSO ☐ AUTOMATICAMENTE ☐ VEICOLI ☐	☐	☐
C2. e)	DI SE STESSO ☐ AUTOMATICAMENTE ☐ VEICOLI ☐	DI SE STESSO ☐ AUTOMATICAMENTE ☐ VEICOLI ☐	☐	☐
C3.	A. ☐ B. ☐ C. ☐ D. ☐	A. ☐ B. ☐ C. ☐ D. ☐	☐	☐
C4.	A. ☐ B. ☐ C. ☐ D. ☐	A. ☐ B. ☐ C. ☐ D. ☐	☐	☐
C5.	A. ☐ B. ☐ C. ☐ D. ☐	A. ☐ B. ☐ C. ☐ D. ☐	☐	☐
C6. a)	....	....	☐	☐
C6. b)	....	....	☐	☐
C6. c)	....	....	☐	☐
C7. a)	A. ☐ B. ☐ C. ☐ D. ☐	A. ☐ B. ☐ C. ☐ D. ☐	☐	☐
C7. b)	....	....		

DOMANDA	RISPOSTA CORRETTA	MIA RISPOSTA	AUTOVALUTAZIONE	
			POSITIVA	NEGATIVA
C8. a)	....	....	☐	☐
C8. b)	....	....	☐	☐
C8. c)	....	....	☐	☐
C9.	A. ☐ B. ☐ C. ☐ D. ☐	A. ☐ B. ☐ C. ☐ D. ☐	☐	☐
C10. a)	....	....	☐	☐
C10. b)	....	....	☐	☐
C10. c)	....	....	☐	☐
C10. d)	....	....	☐	☐
C10. e)	....	....	☐	☐

TOTALE RISPOSTE CORRETTE	
TOTALE RISPOSTE SBAGLIATE/NON DATE	

VALUTAZIONE DELL'INSEGNANTE	Competenza testuale	....
	Competenza grammaticale	....

Appunti